名师名校名校长

凝聚名师共识
固定名师关怀
打造名师品牌
培育名师群体
　　　　程晗远题

初中化学
创新实验和趣味实验

曾海燕　何贵明 —— 编著

西安出版社

图书在版编目（CIP）数据

初中化学创新实验和趣味实验 / 曾海燕，何贵明编
著. — 西安：西安出版社，2023.7
ISBN 978-7-5541-6923-0

Ⅰ.①初… Ⅱ.①曾… ②何… Ⅲ.①化学实验—教
学研究—初中 Ⅳ.①G633.82

中国国家版本馆CIP数据核字（2023）第121069号

初中化学创新实验和趣味实验

CHUZHONG HUAXUE CHUANGXIN SHIYAN HE QUWEI SHIYAN

出版发行：西安出版社
社　　址：西安市曲江新区雁南五路 1868 号影视演艺大厦 11 层
电　　话：（029）85264440
邮政编码：710061
印　　刷：北京政采印刷服务有限公司
开　　本：787mm×1092mm　1 / 16
印　　张：10.25
字　　数：226千字
版　　次：2023 年 7 月第 1 版
印　　次：2023 年 8 月第 1 次
书　　号：ISBN 978-7-5541-6923-0
定　　价：58.00 元

△本书如有缺页、误装等印刷质量问题，请与当地销售商联系调换。

前言

　　化学是一门以实验为基础的学科，在教学中创设以实验为主的科学探究活动，有助于激发学生对学习化学的兴趣，引导学生在观察、实验和交流讨论中学习化学知识，提高学生的科学探究能力、动手实践能力和创新能力。化学实验在激发学生学习化学的好奇心、引导学生认识物质世界的变化规律、形成化学的基本观念、引导学生体验科学探究的过程、启迪学生的科学思维、培养学生的实践能力等方面发挥着不可替代的作用。创新实验和趣味家庭实验是教材实验的延伸和补充，可以增强学生学习化学的兴趣、培养学生的创新意识和创新能力、提高学生的动手操作能力，有利于帮助学生巩固和深化课内知识、培养学生的合作意识和合作能力。

　　在初中化学教材（人教版2012年教育部审定版）中共有69个演示实验和8个分组实验，主要分布在"实验""观察与思考""探究与活动"等栏目中，这些实验大多具有简约性、直观性、趣味性和科学性等特点。但是，教科书中有些实验也存在不足，如装置复杂、操作烦琐、现象不明显、实验时间长、污染环境、缺乏探究性、反应条件复杂、器材不能循环使用等，这就迫切需要对这些实验进行改进和创新。

　　基于上述情况，编者遵循科学性、探究性、趣味性、简约性、绿色化学的理念，结合多年的教学经验，对初中化学教材中的25个实验进行了创新性的改造。

　　我们把这些实验从以下几个方面进行了改进：

　　（1）实验用到的器材、药品是常见的、易得到的。

　　（2）改进或创新的装置更简单，操作起来更方便，能够循环使用。

（3）实验过程更环保、更安全。

（4）实验现象更明显，更有利于观察。

（5）尽可能增强实验的趣味性。

初中化学课程标准要求我们的教学尽可能引导学生把所学的知识与生活实际相联系，创新实验和趣味家庭实验就是很好地沟通学生所学知识与生活实际的渠道和桥梁。创新实验和趣味家庭实验贴近生活、趣味性强、可操作性强，深受学生欢迎，学生参与的积极性很高。学生在课外时间进行创新实验和趣味家庭实验，可以极大地拓宽学生的化学视野，激发学生学习化学的兴趣。创新实验和趣味家庭实验的内容大多与日常的生活环境和地方生产相联系，既有助于培养学生热爱生活、保护环境、立志建设祖国和家乡的热情，也有助于学生在实验探究中学会做人、学会合作、学会做事，使实验的育人功能落实在整个实验过程中。基于上述情况，编者结合多年的教学经验，开发了25个创新实验和22个趣味家庭实验。这些实验所需的器材药品大部分能从日常生活用品中获得，取材方便、操作简单、现象明显、安全可靠，每个学生都可以动手操作。

本书在写作过程中广泛参阅了相关问题的研究成果，借鉴了一些专家学者的观点和看法，在此谨向他们致以敬意和谢意！由于编者水平有限，书中难免存在不足之处，还请读者朋友批评指正！

编　者

2023年1月

目录

第一部分
课本实验的改进与创新

第二部分
趣味家庭实验

第一部分

课本实验的改进与创新

本 书对课本实验、活动、探究进行了研究，主要体现在以下几个方面：

1. 对课本中会产生有害物质，且有害物质会泄漏，影响师生健康的实验，如红磷在空气中燃烧、硫在氧气中燃烧等进行改进，改进后的实验，产生的有毒物质不会泄漏，还能提高实验测量的可行性和准确性（红磷在空气中燃烧），能将两个实验合二为一，让学生更直观地观察和感受酸雨的形成过程及危害（硫在空气中燃烧）。

2. 对课本中需要时间长的实验，如铁丝生锈等进行改进，改进后的实验，既能清楚地观察到铁锈蚀的全过程，又能大大缩短实验所需时间。

3. 对课本中现象不明显，不便于学生观察的实验，如检验蜡烛燃烧产物等进行改进，改进后的实验，坐在前排、后排、两边的学生都能清楚地观察到实验现象，大大减少了实验的局限性。

4. 对课本中所需药品较多的实验，甚至有些药品具有挥发性，易吸入身体而影响健康的实验，如分子运动中氨分子的扩散等进行改进，改进后的实验，或者大大减少了药品的使用，而能产生一样的实验效果；或者杜绝氨分子扩散到空气中，并能观察到氨分子的扩散规律。

5. 对课本中没有的实验，在增加创新实验后，学生能通过观察实验过程和现象，从直观上理解抽象的化学知识。例如，对催化剂特点——它的质量和化学性质在化学反应前后是不变的，学生是很难理解的，直观、清晰、简单的实验，大大提高了这一内容的学习、理解效果。

案例1　探究蜡烛的燃烧

📖 教材中的实验

1. 实验装置

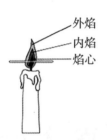

图1　蜡烛火焰各层温度比较

图2　在蜡烛火焰上方罩个干冷或内壁蘸有澄清石灰水的烧杯

2. 实验依据

蜡烛各层火焰温度比较：外焰为500℃到900℃，内焰为300℃到350℃，焰心为250℃到300℃。

（1）因蜡烛火焰各层温度不同，火柴穿过三层火焰被灼烧，温度越高的部位，火柴越容易被碳化变得越黑。根据火柴变黑的程度，可以判断火焰哪一部分温度最高，哪一部分温度最低。

（2）用干冷烧杯罩在火焰上方，观察烧杯内壁是否出现水雾，从而推测蜡烛燃烧的产物中是否有水。

（3）用内壁蘸有澄清石灰水的烧杯罩在火焰上方，观察烧杯内壁澄清石灰水是否变浑浊，从而推测蜡烛燃烧产物是否有二氧化碳。

3. 存在缺陷

（1）蜡烛火焰各层温度比较：用火柴梗做实验，火柴梗细，被灼烧后碳化情况集中，火柴梗上颜色层次不明显，不便于学生观察。

（2）燃烧产物水的探究：学习该内容时深圳正值高温季节，小烧杯只能干却不冷，虽然罩在火焰上方时水雾效果明显，但一离开火焰，烧杯内壁的水雾几秒便会消失，那么，只有靠近观察才能看清楚。

（3）燃烧产物二氧化碳的探究：用内壁蘸有澄清石灰水的小烧杯罩在火焰上方，现象不明显，主要是因为烧杯内壁能粘上的石灰水很少。

📖 **改进的实验**

1. 实验装置

（1）用滤纸、一次性筷子代替火柴。

图3 不同宽度的滤纸被灼烧后的情况

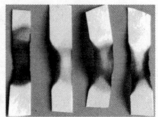

图4 火柴和滤纸被灼烧后的情况对比

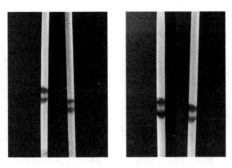

图5　一次性筷子被灼烧后的情况

补充说明：

连续7次实验，有6次实验成功，滤纸条宽度约7mm较合适；操作时将滤纸条对准火焰中部横穿而过，约2s。滤纸太窄或穿过火焰所用时间过长，容易使滤纸烧掉。

待蜡烛燃烧正旺时，将一次性筷子放到其三层火焰处，立即固定筷子不动，约3s，筷子被灼烧部位出现图5所示碳化层次分明的情况，实验成功率高。

（2）用长颈漏斗代替烧杯探究蜡烛燃烧的产物——水。

燃烧前　　　　　燃烧时　　　　熄灭后3min

图6　实验现象

（3）用培养皿和烧杯探究蜡烛燃烧的产物——二氧化碳。

图7　培养皿和烧杯　　图8　收集燃烧产生的气体

图9　澄清石灰水振荡前（左）、振荡后（右）

补充说明：

将烧杯（200mL较合适）罩在蜡烛火焰上方，与火焰保持适当距离（尽量靠近火焰，烧杯底不变黑即可），约30s后，立即将烧杯正立并盖上培养皿（大小刚好盖住烧杯口），从烧杯口一侧倒入适量澄清石灰水（约15mL），继续盖好表面皿，振荡烧杯，即可观察到石灰水变浑浊，实验成功率高，现象很明显。

2. 实验器材及药品

器材：蜡烛、火柴、滤纸条、一次性筷子、长颈漏斗、烧杯、培养皿。

药品：澄清石灰水。

3. 实验步骤

（1）蜡烛火焰各层温度比较：点燃蜡烛，待蜡烛燃烧旺时，将滤纸片（或一次性筷子）穿过火焰三层处，现象如图3（或图5）所示。

（2）燃烧产物水的探究：点燃蜡烛，将干燥的长颈漏斗倒罩在火焰上方，观察漏斗及漏斗颈内壁水雾情况，如图6所示。

（3）燃烧产物二氧化碳的探究：准备一个烧杯（200mL）和一个培养皿，将烧杯罩在燃烧的蜡烛上方，收集燃烧的产物，然后迅速将烧杯正立过来并盖上培养皿，再向烧杯中加入适量澄清石灰水，振荡，观察澄清石灰水变化情况，如图9所示。

4. 改进优势

（一次性筷子的着火点是240℃，滤纸着火点是220℃）

（1）蜡烛火焰各层温度比较：用滤纸条或一次性筷子代替火柴，滤纸条或一次性筷子面积较大，被灼烧部位的不同碳化程度清晰可见，学生能更加清楚地观察实验现象。

（2）燃烧产物水的探究：用长颈漏斗代替烧杯，漏斗内壁上部和漏斗颈充满水雾，水雾很明显，即使长颈漏斗离开火焰后，水雾还可存留几分钟，可供全班学生传看。

（3）燃烧产物二氧化碳的探究：用培养皿罩住烧杯口，防止收集的二氧化碳散逸，并且可向烧杯中加入较多的澄清石灰水，振荡后能看到明显的浑浊。

案例2　用排水法收集呼出的气体

教材中的实验

1. 实验装置

图1　准备收集气体　　　　图2　收集呼出的气体

2. 实验依据

取一个集气瓶盛满水，用玻璃片先盖住瓶口的一小部分，然后推动玻璃片将瓶口全部盖住，把盛满水的集气瓶连同玻璃片一起倒立在水槽内。将塑料管小心插入集气瓶内，并向集气瓶内缓缓吹气，直到集气瓶内充满呼出气体。在水下立即用玻璃片将集气瓶的瓶口盖好，然后取出集气瓶正放在实验桌上。

3. 存在的缺陷

玻璃水槽透明便于观察，但是大而笨重，拿取不便，且浪费大量的水。

改进的实验

1. 实验装置

图3　收集呼出气体装置

2. 实验器材及药品

器材：集气瓶、双孔橡胶塞、90° 玻璃弯管。

药品：水。

3. 实验步骤

排水法：取一集气瓶，装满水，用带有玻璃弯管的橡胶塞塞紧瓶口，把一支导气管伸入瓶底，一支导管刚露出瓶塞即可（图3）。从a端呼气，水从b端被排出，即可收集满一瓶呼出气体。

4. 改进优势

改进后实验所用仪器少，易安装，操作方便，节约用水，在此基础上进行知识归纳整理，达到中考要求，拓宽了学生视野，提升了学生思维层次。

案例3　测定空气里氧气的含量

📖 **教材中的实验**

1. 实验装置

图1　测定空气里氧气的含量

2. 实验依据

用红磷燃烧消耗容器内氧气而产生负压，再打开止水夹，使烧杯里的水进入容器，测量进入容器中水的体积来测定空气中氧气的体积。

3. 存在缺陷

实验中氧气浓度与实验现象如下：

氧气浓度与实验现象

氧气浓度（体积分数）/%	25	35	45	55	65
带火星木条燃烧情况	微亮	亮	很亮	复燃	复燃

一般空气中的易燃物，在着火状况下，现场含氧量低于16%时，便不足以维持其燃烧，含氧量低于15%，就会熄灭。

（1）红磷的着火点（约260℃）比较高，引燃红磷需要的时间比较长。将引燃的红磷放入瓶中燃烧，生成的五氧化二磷易泄漏到空气中，污染环境，实验者也容易吸入。

（2）红磷在瓶中燃烧至熄灭，并不是耗尽了瓶内的氧气，而只是氧气浓度降低到一定程度，不能再支持红磷燃烧。

（3）将燃烧的红磷插入瓶中，在塞紧橡皮塞的过程中，也会使瓶中空气受热，导致部分气体逸出，产生更大误差。

改进的实验

1. 实验装置

图2　测定空气里氧气的含量改进装置

2. 实验器材及药品

器材：带刻度的试管、单孔橡胶塞、气球、烧杯、滤纸、小刀、镊子。

药品：白磷、硫酸铜溶液。

3. 实验步骤

（1）选取一只大小合适的带刻度的试管（按试管容积标记好上部空白处的刻度），再取黄豆粒大小的一块白磷，用滤纸吸干水，立即放入试管，用带短导管和气球的橡胶塞塞紧（气球提前绑扎在橡胶塞的短导管口，导管尽量短），将试管放入80℃或以上的热水中，白磷燃烧起来。

（2）待试管冷却后，倒置于稀硫酸铜溶液中，取下气球，稀硫酸铜溶液立即沿短导管进入试管，待液面稳定后，用手指堵住短导管口，把试管从溶液中取出，正立，观察试管内液面高度（由于试管内气体含量等问题，测量结果有时会有一定的误差）。

图3　放入热水，白磷燃烧　　图4　冷却后倒置放到硫酸铜溶液中

 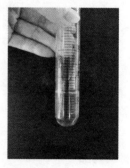

图5　进入试管内的硫酸铜溶液的体积

补充说明：

a. 该实验成功的前提是白磷足量、试管内充满空气、装置气密性良好。

b. 为了使白磷更好地燃烧，试管内加入白磷后适当烘烤。

c. 9月份学习本单元，深圳温度在35℃左右，一般情况下，教室若有空调，白磷从水中取出放入试管密封前不会自燃。如果教室没有空调，建议先将放入白磷的带刻度的试管放在20℃以下的冷水中降温，白磷取出后迅速擦干再放入冷试管中密封。

4. 改进优势

（1）白磷在密闭试管内燃烧，生成物不会泄漏，实验具有环保性。

（2）白磷的着火点很低（40℃），燃烧熄灭后仍会发生氧化反应，几乎能把试管内的氧气消耗尽。

（3）蓝色硫酸铜溶液提高了实验可视程度，而且可以吸收未反应的白磷蒸气，实验更加科学、准确和绿色化。

案例4　探究氧气的性质——硫在氧气里燃烧

📖 **教材中的实验**

1. 实验装置

图1　硫分别在空气和氧气里燃烧

2. 实验依据

氧气具有助燃性，点燃的硫在氧气中燃烧得更旺，发出蓝紫色火焰。

3. 存在缺陷

硫燃烧生成的二氧化硫是一种有毒的、有刺激性气味的气体，泄漏会污染环境，易被实验操作者和观察者吸入。

改进的实验

1. 实验装置

图2　装置一　　　　图3　装置二

2. 实验器材及药品

器材：集气瓶、单孔橡胶塞、玻璃管、气球、燃烧匙、酒精灯、火柴、药匙、细线。

药品：硫、水、鸡蛋壳、新鲜绿叶。

3. 实验步骤

（1）在集气瓶底放两片绿萝的叶子（或其他新鲜绿植的叶子）、少量水、一块鸡蛋壳。

（2）装置一：用集气瓶收集一瓶氧气，盖上毛玻璃片。向燃烧匙内加入适量硫，在酒精灯上点燃，立即伸入充满氧气的集气瓶，塞紧橡胶塞，观察硫燃烧的现象。

（3）装置二：用该集气瓶收集一瓶氧气，燃烧匙内放适量硫。用一端系紧气球的玻璃管在酒精喷灯上烧红后，与燃烧匙内的硫接触（同时与燃烧匙一起伸入瓶内，塞紧瓶塞），观察硫燃烧的现象。

（4）燃烧结束，轻轻振荡集气瓶，观察绿叶和鸡蛋壳表面的变化。

15

放入前　　　　　　　硫燃烧后

图4　新鲜绿叶代表植物受酸雨的腐蚀

放入前　　　　　硫燃烧中　　　　一天后取出

图5　鸡蛋壳代表建筑物受酸雨的腐蚀

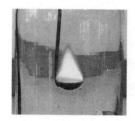

图6　硫燃烧的过程

补充说明：

用玻璃管引燃硫，可以防止生成的二氧化硫泄漏到空气中。为了提高玻璃管灼烧效果，使用酒精喷灯，待玻璃管烧红，立即接触燃烧匙内的硫，即可引燃硫。

4. 改进优势

（硫的着火点是190℃，烧红的玻璃管温度约为500℃）

（1）硫在氧气中燃烧的装置，用橡胶塞取代原来的玻璃片，密闭性好，能有效防止生成的二氧化硫泄漏到空气中。

（2）装置一：用酒精灯点燃硫，可观察到硫在空气中燃烧的火焰颜色。

（3）装置二：用灼烧红热的玻璃管引燃硫，避免在瓶外点燃硫而造成环境污染。

（4）玻璃管上的气球起到密封装置、缓解气压的作用，避免瓶内气压变大使橡胶塞冲开。

（5）集气瓶中留有少量水，用来吸收生成的二氧化硫，模拟酸雨。

（6）瓶底的绿萝的叶子和鸡蛋壳代表着植物与建筑，用来模拟酸雨对植物和建筑物的腐蚀，增加实验的趣味性，给学生提供真实的生活体验，促进学生树立环保意识。

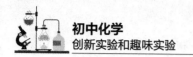
案例5 探究氧气的性质——铁丝在氧气里燃烧

📖 **教材中的实验**

1. 实验装置

图1 铁丝在空气中红热，在氧气中剧烈燃烧

2. 实验依据

氧气具有助燃性，铁丝在空气中只能烧红不能燃烧，而在氧气中却能剧烈燃烧，火星四射。

3. 存在缺陷

学生对铁丝燃烧的实验兴趣盎然，观察实验现象的欲望强烈，很容易导致实验的失败。主要原因在于学生对火柴燃烧的程度难以把握。当把点燃的系有火柴的铁丝伸入充满氧气的集气瓶时，如果待燃烧的火柴过长，只能观察到火柴在氧气中燃烧得更旺；如果待燃烧的火柴过短，加热的铁丝很快冷却，也观察不到铁丝燃烧的现象。这是实验成功率低的主要原因。

改进的实验

实验装置同图1。

【方案一】

1. 实验器材及药品

器材：集气瓶、酒精灯、火柴、小铁弹簧、坩埚钳。

药品：水。

2. 实验步骤

（1）收集一瓶氧气，瓶底留少量水，待用。

（2）铁制小弹簧一端插入一根火柴。

（3）用坩埚钳夹住铁制小弹簧的另一端，点燃火柴，待火柴燃烧正旺时，一起缓慢伸入瓶中，观察到铁制小弹簧剧烈燃烧、火星四射。

图2　铁制小弹簧一端插入火柴　　　　　图3　铁制小弹簧在氧气中燃烧

3. 改进优势

（1）铁制小弹簧可从损坏的小订书机、自动笔、物理实验器材——电池盒等学习用品中回收。

（2）引燃弹簧的火柴燃烧旺时即可伸入瓶内，不需要准确把握燃烧时机。

（3）燃烧现象比普通铁丝更剧烈，火星四射持续的时间更长（一根 ϕ 45mm×0.3mm的铁制小弹簧，出现火星四射现象时可持续15s）。

【方案二】

1. 实验器材及药品

器材：集气瓶、酒精灯、钢丝球、坩埚钳、剪刀。

药品：水、酒精。

2. 实验步骤

（1）收集一瓶氧气，在瓶底留少量水，待用。

（2）剪一长段钢丝球，搓成4～5cm长度的钢丝条。

（3）用坩埚钳夹住钢丝条的一端，另一端蘸少许酒精，在酒精灯上点燃，待钢丝条的火焰略小些的时候，缓慢伸入充满氧气的集气瓶，观察到钢丝条剧烈燃烧，有少许火星。

图4　钢丝球　　　　　图5　钢丝条在氧气中燃烧

补充说明：

钢丝条只需蘸取极少量酒精即可引燃。

3. 改进优势

用酒精代替火柴引燃钢丝条，更方便。

案例6　探究分子的运动

教材中的实验

1. 实验装置

图1　分子运动现象的实验

2. 实验依据

浓氨水具有很强的挥发性，挥发出来的氨气分子溶于水又生成氨水，氨水呈碱性，能使无色酚酞溶液变红色。

3. 存在缺陷

（1）实验所用氨水较多。

（2）浓氨水具有很强的挥发性，挥发出来的氨气容易被人体吸入，大量吸入对人体健康不利。

改进的实验

1. 实验装置

图2　探究分子运动的实验装置

2. 实验器材及药品

器材：试管、铁架台（带铁夹）、镊子、橡胶塞、棉花、滤纸、剪刀、胶头滴管。

药品：酚酞溶液、浓氨水。

3. 实验步骤

（1）将试管横着固定在铁架台上。

（2）剪下一条滤纸，在滤纸条的左、中、右三个位置分别滴两滴酚酞溶液。

（3）将滤纸放入试管。

（4）取一小团棉花，在棉花上滴5滴浓氨水后放到试管口。

（5）用橡胶塞塞紧试管口。

2min后

3min后

5min后

图3 在棉花上滴5滴浓氨水

补充说明:

a. 酚酞溶液变红所需时间由滴在棉花上的浓氨水的量决定,如果要缩短实验时间,可多滴几滴浓氨水。

b. 放入试管的滤纸条不宜太长,避免其吸走棉花上的氨水。

4.改进优势

(1)所用浓氨水量很少,节约了药品,有效减少了污染。

(2)操作简单,现象明显。

案例7　探究氢气的性质

📖 **教材中的实验**

1. 实验装置

（a）用拇指堵住　（b）靠近火焰，
集满氢气的试管口　移开拇指点火

图1　检验氢气的纯度

氢气

图2　氢气在空气里燃烧

2. 实验依据

氢气是一种可燃性气体，点燃前须检验其纯度，防止发生爆炸。

3. 存在缺陷

（1）进行验纯实验时，用手指堵住试管口再靠近火焰，学生会有害怕心理，不敢尝试。

（2）学生的紧张心理易影响实验效果。

改进的实验

1. 实验装置

图3　探究氢气的性质的改进实验装置

2. 实验器材及药品

器材：制取氢气装置（小锥形瓶、单孔橡胶塞、橡胶管、尖嘴玻璃短管）、表面皿、小烧杯（50mL）。

药品：肥皂片（泡泡水）、锌粒、稀硫酸。

3. 实验步骤

（1）取一小块肥皂放入小烧杯，再加入少量水，10min后，烧杯中的水就变成了肥皂水。

（2）将肥皂水倒入培养皿。

（3）把尖嘴玻璃管浸入肥皂水，产生的氢气会"吹出"许多小肥皂泡。

（4）用燃着的线香靠近肥皂泡，若听到轻微的"噗"的声音，则表明氢气是纯净的；若发出尖锐的爆鸣声，则表明氢气不纯。

 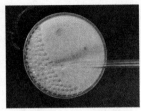 

图4　肥皂水　　　图5　向肥皂水中吹氢气泡　　　图6　泡泡水

4. 改进优势

（1）不论肥皂泡大小、多少，均能成功完成此实验，实验趣味性增强，成功率得到保障，激发了学生学习化学的兴趣。

（2）实验中远离氢气源点燃肥皂泡，更安全，减轻了学生的心理压力。

（3）操作简单，时间短，效果明显。

案例8　探究金属与稀盐酸、稀硫酸的反应

📖 **教材中的实验**

1. 实验装置

图1　镁、锌、铁与盐酸的反应　　　　图2　铜在盐酸中

2. 实验依据

活泼金属与稀盐酸反应放出氢气，通过反应的剧烈程度推断金属的活动性强弱。在检验产物氢气时，将试管口靠近酒精灯火焰，根据听到的声音，来判断反应生成了可燃性气体——氢气。

3. 存在缺陷

（1）学生不敢将燃着的小木条放在试管口。

（2）有时听不到声音，现象不明显，得出的结论不足以让学生信服。

改进的实验

1. 实验装置

图3　金属与稀盐酸、稀硫酸的反应改进实验装置

2. 实验器材及药品

器材：与滴瓶配套的滴管（去掉胶帽）、50mL烧杯、火柴、砂纸。

药品：镁带、锌粒、稀盐酸。

3. 实验步骤

（1）取一段长2cm的镁带，用砂纸将其表面的氧化物去除，再卷成小卷，从滴管的大口处放入滴管。

（2）将滴管斜放入50mL烧杯，再向烧杯中倒入适量稀盐酸，至刚刚没过镁带。

（3）观察到滴管内产生大量气泡。

（4）将燃着的火柴放到滴管口，产生的气体被点燃，再将干冷烧杯罩在火焰上方，有水雾。

图4　镁带卷成小卷放入滴管　　图5　在滴管嘴处点燃，安静燃烧

补充说明：

如果只需观察到气泡和放热，2cm长的镁带即可；如果点燃产生氢气，则需要约4cm长的镁带。

4. 改进优势

（1）仪器简单，操作方便，现象明显。

（2）本套装置也适用于锌粒与稀盐酸（或稀硫酸）的反应，不过锌粒稍多一点，避免产生氢气太少很难点燃。

（3）即使氢气不纯，由于氢气量很少，爆鸣威力小，也不会造成任何危险。

（4）反应可随时终止，药品回收方便。

（5）反应过程中，观察到滴管内壁有小水珠，可知该反应为放热反应。

案例9 探究铁与硫酸铜溶液的反应

📖 **教材中的实验**

1. 实验装置

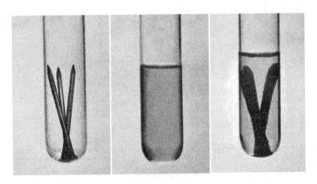

图1 铁钉与硫酸铜溶液的反应

2. 实验依据

将铁钉放入硫酸铜溶液，铁钉表面出现紫红色的铜，铁置换出了硫酸铜中的铜，表明金属铁的活动性比铜强。

3. 存在缺陷

半分钟左右观察到铁钉表面覆盖一层紫红色的铜，但反应逐渐变慢，如果想看到蓝色变浅绿色，需要半小时以上，甚至可能观察不到浅绿色。

改进的实验

1. 实验装置

图2　铁与硫酸铜溶液的反应实验装置（依次为铁钉、铁条、石棉网边）

图3　饱和硫酸铜溶液

图4　稀硫酸铜溶液

2. 实验器材及药品

器材：石棉网、砂纸、铁钉、铁条、剪刀、试管、镊子。

药品：稀盐酸、饱和硫酸铜溶液、稀硫酸铜溶液。

3. 实验步骤及现象

（1）剪下废旧石棉网边，用砂纸打磨，去除表面的铁锈，然后浸泡在稀盐酸中约20s，取出后浸没在饱和食盐水中约5min，备用。

（2）将铁钉和铁条打磨光滑，备用。

（3）向4支试管中分别加入相同的硫酸铜溶液。

（4）再依次向上述硫酸铜溶液中放入石棉网边、铁条、铁钉，第四支试管中的硫酸铜溶液用来对比，静置在试管架上。

（5）3～5s后，当看到金属表明有紫红色物质时，轻轻振荡试管，使生成的铜及时脱落。

（6）1min后，观察到放石棉网边的蓝色溶液变成浅绿色。比较之下，稀硫酸铜溶液比饱和硫酸铜溶液更快变成浅绿色。

图5　铁钉、铁条、石棉网边放入饱和硫酸铜溶液2min后

图6　铁钉、铁条、石棉网边放入稀硫酸铜溶液2min后

补充说明：

a. 石棉网边的处理，先放入稀盐酸中浸泡约20s，刚开始会产生较多小气泡，十几秒后气泡基本消失，石棉网边表面的碳露出。取出石棉网边放入饱和食盐水浸泡约5min，再取出。将处理后的石棉网边放入硫酸铜溶液，溶液褪色、变成浅绿色的时间大大缩短，且颜色变化很明显。

b. 当观察到金属表面有紫红色物质生成时，可振荡试管，使生成的铜及时脱落，能进一步加快反应速度。

4. 改进优势

（1）改进实验运用了原电池原理，显著缩短了反应的时间，现象更明显。

（2）经过盐酸浸泡的石棉网边表面粗糙，被置换出的铜不易覆盖在其表面，反应能更好地持续进行。

（3）多次振荡试管，使金属表面生成的铜及时脱落，也缩短了反应的时间。

（4）通过铁钉、铁条、石棉网边与硫酸铜溶液反应的对比，带给学生更多的启发与思考。

案例10　探究二氧化碳的密度

📖 **教材中的实验**

1. 实验装置

图1　倾倒二氧化碳

2. 实验依据

将一瓶二氧化碳气体倒入燃有高低不同蜡烛的烧杯里，观察到蜡烛将自下而上熄灭，表明二氧化碳密度比空气大，不燃烧且不支持燃烧。

3. 存在缺陷

实验成功率不高。

（1）在倾倒时气体会发生扩散；燃烧的蜡烛使烧杯中的温度升高，二氧化碳受热向上膨胀，使大部分气体处于烧杯上部，因此出现蜡烛不熄灭或上面蜡烛先消灭的现象。

（2）有些学生把握不好，倾倒二氧化碳时速度过快或集气瓶拿不稳，气体刚倒出瓶口就散开了，出现上面的蜡烛先熄灭的现象，因此，对二氧化碳的密度作出了错误的判断。

（3）如果二氧化碳同时对着两支蜡烛倾倒或对着高蜡烛倾倒，则高蜡烛将先熄灭，结论也容易误导学生；如果二氧化碳对着低蜡烛倾倒，即使低蜡烛先熄灭，结论也难以使学生信服。

改进的实验

1. 实验装置

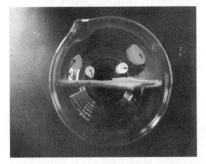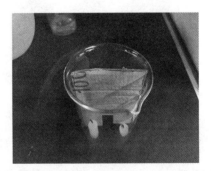

图2　改进后的探究二氧化碳的密度的实验装置

2. 实验器材及药品

器材：硬纸板、剪刀、两支高低蜡烛、烧杯（250mL）、集气瓶（125mL）、玻璃片、线香、火柴、酒精灯。

药品：一瓶二氧化碳。

3. 实验步骤及现象

（1）剪一块与烧杯的直径和高度一致的硬纸板，在纸板下面中间位置再剪一个方形的孔（边长约2cm×2cm或2cm×3cm），再将硬纸板卡在烧

杯中间。

（2）将高低不同的两支蜡烛并排放稳在纸板的一侧，使蜡烛分别位于小孔左右两边，点燃蜡烛。

（3）将准备好的一瓶125mL的二氧化碳缓缓从纸板另一侧倒入烧杯，观察到低蜡烛先熄灭，高蜡烛后熄灭。

图3　实验现象

补充说明：

倾倒二氧化碳时，先将集气瓶倾斜在烧杯边约60°，再缓缓向上移开瓶口的玻璃片，几秒钟后，另一边的低蜡烛熄灭，再过几秒，高蜡烛也熄灭。

4. 改进优势

（1）改进后的实验，取材方便，操作简单，成功率高。

（2）通过凹槽纸隔板倾倒二氧化碳，使纸板另一侧的蜡烛自下而上熄灭，充分表明二氧化碳密度比空气大，具有很强的说服性。

案例11　探究酸碱中和反应

教材中的实验

1. 实验装置

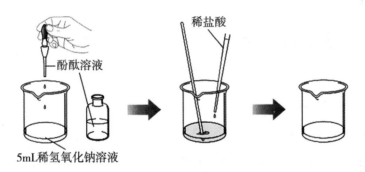

酚酞溶液

稀盐酸

5mL稀氢氧化钠溶液

图1　在氢氧化钠溶液中滴加稀盐酸

2. 实验依据

向稀氢氧化钠溶液中滴入酚酞溶液，溶液变成红色，再向溶液中滴入稀盐酸，一边滴一边搅拌，直到溶液红色褪去，则表明稀盐酸能与稀氢氧化钠溶液发生酸碱中和反应。

3. 存在缺陷

（1）用氢氧化钠溶液与盐酸来研究酸碱中和反应，氢氧化钠溶液是无色的，盐酸也是无色的，反应生成的氯化钠是无色易溶于水的，因此，反应中观察不到明显现象。

（2）虽然借助了酸碱指示剂，但是对于初中生来说，增加了实验分析的复杂程度。

改进的实验

1. 实验装置

图2　硫酸铜溶液

2. 实验器材及药品

器材：滴管、试管（两支）、试管架。

药品：氢氧化钠溶液、硫酸铜溶液、稀硫酸。

3. 实验步骤及现象

（1）向两支试管中分别加入少量硫酸铜溶液。

（2）再向其中一份硫酸铜溶液中滴入几滴氢氧化钠溶液，生成氢氧化铜的蓝色沉淀（氢氧化铜是碱）。

（3）向蓝色沉淀氢氧化铜中滴加稀硫酸，边滴加边振荡，观察到沉淀消失，又变成蓝色溶液。

图3　向其中一份硫酸铜溶液中滴加氢氧化钠溶液

图4　再向蓝色沉淀中滴加稀盐酸

4. 改进优势

（1）氢氧化铜（碱）是一种蓝色沉淀物，向这种不溶性碱中加入稀硫酸（酸），沉淀消失，则表明碱与酸之间发生了化学反应。

（2）化学反应中有有色沉淀生成与消失，现象明显，直观效果好。

（3）反应过程中不需要加入指示剂，降低了学生理解酸碱中和反应的难度。

案例12　鉴别软水和硬水

教材中的实验

1. 实验装置

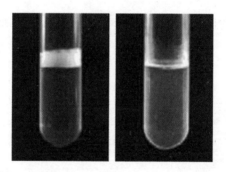

图1　用肥皂水区分软水（左）和硬水（右）

2. 实验依据

硬水中含有较多钙、镁离子，肥皂的主要成分为硬脂酸钠，两者接触，发生化学反应，生成不溶于水的沉淀——硬脂酸钙（浮渣）。因此，向某水中加入肥皂水，如出现较多浮渣，则表明该水中钙、镁离子较多，属于硬水。

3. 存在缺陷

用自来水和饮用水来做区分硬水和软水的实验，现象不明显，很难达到预期的实验效果。

改进的实验

1. 实验装置

加肥皂水前　　　　　　　　　　　加肥皂水后

图2　加氯化钙的自来水（左）、直饮水（右）

2. 实验器材及药品

器材：试管、滴管、试管架、烧杯。

药品：自来水、直饮水、氯化钙溶液、肥皂水。

3. 实验步骤及现象

（1）用试管取一定量的自来水，加入数滴氯化钙或氯化镁溶液，充分振荡，贴上硬水标签备用。

（2）另一支试管取适量直饮水（净水器净化后），贴上软水标签备用。

（3）准备适量肥皂水。

（4）分别向上述两支试管加入相同滴数的肥皂水，充分振荡，观察到硬水中产生大量浮渣，软水中有很少量的浮渣，有大量泡沫。

4. 改进优势

实验简单，现象非常明显，浮渣与泡沫能轻易区分清楚，学生对检验硬水和软水的方法及现象记忆清晰、深刻。

案例13　探究质量守恒定律

📖 **教材中的实验**

1. 实验装置

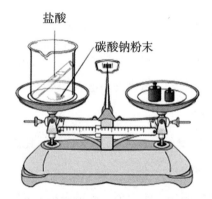

盐酸

碳酸钠粉末

图1　盐酸与碳酸钠粉末反应前后质量的测定

2. 实验依据

碳酸钠粉末与稀盐酸反应，生成二氧化碳气体散逸到空气中，使得反应后剩余物质质量比反应前物质质量小，引导学生得出结论：有气体生成的反应不能用来验证质量守恒定律。

3. 存在缺陷

没有完全解答学生心中的疑团：所有有气体生成的化学反应都不能用来验证质量守恒定律吗？有没有办法解决这一问题？

📖 改进的实验

1. 实验装置

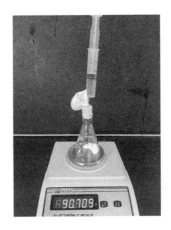

敞开环境   密闭环境

图2 探究质量守恒定律实验装置

2. 实验器材及药品

器材：天平、锥形瓶、单孔橡、胶塞、注射器（50mL）、药匙、气球、短玻璃管。

药品：碳酸钠粉末、稀盐酸。

3. 实验步骤

实验一：

（1）图3，称量反应前总质量，为m_1。

（2）将注射器内的稀盐酸注入锥形瓶，待反应完，称量其总质量，为m_2。

（3）比较反应前后物质的质量，$m_1 > m_2$，分析：因生成的气体"跑"了，反应前后物质的质量不相等。因此，它不可以用来验证质量守恒定律。

图3 敞开环境：稀盐注入酸碳酸钠粉末前（左）、后（右）

实验二：

（1）图4，称量反应前总质量，为m_3。

（2）将注射器内的稀盐酸注入锥形瓶，待反应完，称量其总质量，为m_4。

（3）比较反应前后物质的质量，$m_3=m_4$，分析：因生成的气体留在了锥形瓶中，反应前后物质的质量相等。因此，它可以用来验证质量守恒定律。

图4 密闭环境：稀盐酸注入碳酸钠粉末前（左）、后（右）

4. 改进优势

在做完实验一以后，鼓励学生思考探索：

（1）为什么反应后物质的质量减少了？

（2）可以用来验证质量守恒定律吗？

（3）如何改进装置？

在完成实验二后，继续鼓励学生思考总结：

（1）这一装置的优势是什么？

（2）有气体生成的反应，在气体不散逸的情况下，反应前后物质的质量关系如何？

（3）如何让有气体生成的装置也能用来验证质量守恒定律？

（4）如果反应物中有气体，该怎么做才能达到这一效果？

通过两个对比实验，引导学生思考，逐步解决学生心中的疑团，使结论更有说服力，有效帮助学生理解质量守恒定律。

案例14 探究红磷燃烧前后质量关系

1. 实验装置

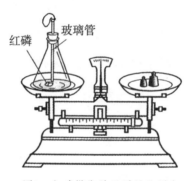

红磷   玻璃管

图1 红磷燃烧前后质量的测定

2. 实验依据

通过红磷在密闭容器中燃烧的实验，测定化学反应前后物质质量关系，研究质量守恒定律。

3. 存在缺陷

某次演示实验后，一位学生过来找我："老师，玻璃棒加热后伸入锥形瓶，瓶内空气肯定会受热逸出一部分，两次称量的质量怎么会不变的呢？"

📖 **改进的实验**

1. 实验装置

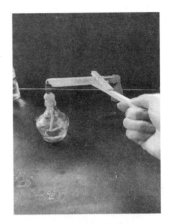

图2　加热白磷　　　　　图3　燃烧红磷

2. 实验器材及药品

器材：试管、气球、大烧杯、镊子、小刀、滤纸、酒精灯、火柴、试管夹。

药品：白磷、红磷、60℃以上热水。

3. 实验步骤

（1）图4，取绿豆大小的白磷一块，用滤纸吸干水分，放到试管底部，在试管口套上气球。

（2）称量总质量。

（3）将试管放到60℃以上的热水中（或在酒精灯上微热试管），直至白磷燃烧。

（4）燃烧结束后，从热水中取出试管，擦干外壁，待试管冷却后，重新放到天平上称量。

（5）比较前后两次称量的质量。

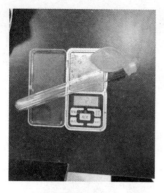
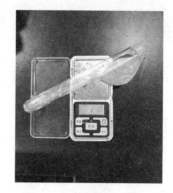

燃烧前　　　　　　　　　　燃烧后

图4　白磷燃烧

补充说明：

a. 学生大概在11月初学习质量守恒定律，此时深圳气温在25～30℃，白磷的着火点为40℃，取出白磷不会自燃。

b. 保证试管内有充足的空气，白磷才会燃烧。

（6）图5，取绿豆大小的红磷一块，放到试管底部，试管口套上气球。

（7）称量总质量。

（8）将试管放在酒精灯外焰上灼烧，直至红磷燃烧。

（9）待装置冷却后，重新放到天平上称量。

（10）比较前后两次称量的质量。

燃烧前　　　　　　　　　燃烧后

图5　红磷燃烧

4. 改进优势

（1）改进后的装置为密闭体系，实验中不需要打开装置，既减少了实验误差，又减少了污染。

（2）用热水引燃白磷，操作简单，白磷在试管中燃烧，安全性高。

（3）解决了学生的困惑：玻璃管加热后再伸入锥形瓶，瓶内气体受热膨胀逸出，称量前后质量不变，结论不具有说服力。

案例15　探究浓硫酸的稀释

📖 教材中的实验

1. 实验装置

图1　浓硫酸稀释的正确操作　　图2　浓硫酸稀释的错误操作

2. 实验依据

（充分稀释98g浓硫酸，放出的热量有85.5kJ）

将浓硫酸沿烧杯内壁缓慢地注入盛有水的烧杯，同时用玻璃棒不断搅拌，用手轻轻触碰烧杯外壁，感觉到很烫，表明浓硫酸稀释放热。

如果将水注入浓硫酸，水的密度较小，会浮在浓硫酸上面，稀释放出的热量使水立刻沸腾，液滴飞溅，非常危险！

3. 存在缺陷

（1）需要的浓硫酸的量较多，浪费药品，增加了危险。

（2）如果不演示浓硫酸的错误稀释的方法，学生对知识进行深度加工时缺乏直观表象，记忆不深，理解不透，错误反复重现；如果演示浓硫酸的错误稀释方法，则非常危险。

改进的实验

1. 实验装置

图3　浓硫酸稀释实验装置

2. 实验仪器和药品

仪器：广口瓶、三孔胶塞、胶头滴管（两个）、短玻璃管、气球、10mL小烧杯（两个）。

药品：浓硫酸、水。

3. 实验步骤及现象

（1）广口瓶中的两个小烧杯，一个盛有3～4mL浓硫酸，上面的胶头滴管吸有水；另一个盛有3～4mL水，上面的胶头滴管吸有浓硫酸。

（2）先向浓硫酸中滴水，立即看到液面上方热气腾腾，液滴跳动，像水滴进了热油锅。

（3）再向水中滴入浓硫酸，观察到水面上有大量雾气，但远没有前者浓，溅起的水滴也非常少。

（4）对比两个实验，向浓硫酸中滴水，现象剧烈得多。

图4　向浓硫酸中滴水（右烧杯）　　图5　向水中滴入浓硫酸（左烧杯）

补充说明：

滴管下端要紧靠小烧杯内壁，防止因滴管悬空滴液而导致液体溅出干扰；左右两边对应的小烧杯和滴管中的液体体积分别相同，以达到控制变量的目的。

4. 改进优势

（1）实验装置简便，现象明显。

（2）增加了对比实验，更加直观。

（3）实验微型化，节约了药品。

（4）在密闭容器中进行，大大增强了实验的安全性。

案例16　探究溶解时的
吸热与放热

教材中的实验

1. 实验要求

现有试管、烧杯、玻璃棒、温度计等仪器和固态氯化钠、硝酸铵、氢氧化钠（你还可选用其他仪器和药品），试设计实验方案，探究上述物质溶解于水时是放出热量还是吸收热量。

2. 实验依据

物质溶解时，溶液温度常常改变。溶液温度升高，表明物质溶解放热；溶液温度降低，表明物质溶解吸热。

3. 存在缺陷

（1）溶解过程中，学生易将温度计当作玻璃棒使用而损坏温度计。

（2）演示实验时，学生很难看清温度计示数，不便于观察。

改进的实验

1. 实验装置

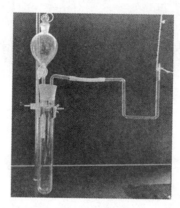

图1　探究溶解时的吸热与放热实验装置

2. 实验器材及药品

器材：试管、双孔橡胶塞、分液漏斗、U形管、玻璃弯导管、橡皮管、铁架台、烧杯、药匙、天平、滤纸。

药品：红墨水、氢氧化钠固体、硝酸铵固体、氧化钙固体。

3. 实验步骤

（1）准备实验装置，检查装置气密性。

（2）向试管中加入3g氢氧化钠固体（或3g氧化钙固体或4~5g硝酸铵固体）。

（3）向分液漏斗内加适量水。

（4）打开分液漏斗开关和活塞，将水加入试管。

（5）观察U形管两边液面的变化。

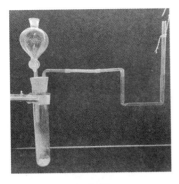
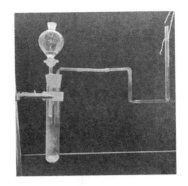

加水前　　　　　　　　　　　　加水后

图2　向放有氧化钙（3g）固体的试管加水

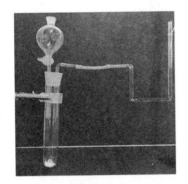

加水前　　　　　　　　　　　　加水后

图3　向放有氢氧化钠（3g）固体的试管加水

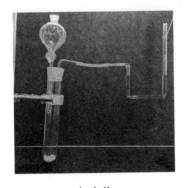
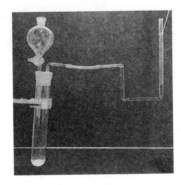

加水前　　　　　　　　　　　　加水后

图4　向放有硝酸铵固体的试管加水

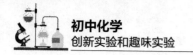
4. 改进优势

（1）将温度计换成加红墨水的U形管，既便于观察，又避免了损坏温度计。

（2）这是一套多功能实验装置，可反复使用，消除了教师每次重新准备仪器的烦琐。

案例17　探究物质燃烧的条件

教材中的实验

1. 实验装置

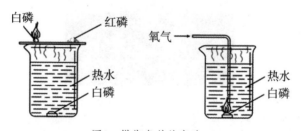

图1　燃烧条件的实验

2. 实验依据

从铜片上的白磷燃烧、红磷不燃烧的现象推断可燃物燃烧的条件：温度达到着火点；从铜片上的白磷燃烧，热水下的白磷不燃烧的现象推断可燃物燃烧的条件：有一定的氧气。

3. 存在缺陷

（1）装置不是密闭装置，白磷燃烧后产生的五氧化二磷会污染空气，且易被吸入身体影响人体健康。

（2）燃烧着的白磷小颗粒易向四周飞溅，实验存在安全隐患。

（3）向热水中通氧气，水下白磷易到处"乱跑"，部分白磷会浮上水面燃烧。

改进的实验

【方案一】

1. 实验装置

图2　燃烧条件的改进实验1

2. 实验器材及药品

器材：试管（两支）、气球（两个）、大烧杯、镊子、小刀、滤纸。

药品：白磷、红磷、60℃以上的热水。

3. 实验步骤

（1）准备好实验装置（图2）。

（2）在大烧杯中加入1/3～1/2 60℃以上的热水。

（3）向其中一支试管内加入绿豆大小的白磷，向另一支试管内加入绿豆大小的红磷（白磷、红磷加入前先用滤纸擦干水）。

（4）将两支试管同时放入热水，观察到红磷不燃烧，白磷燃烧。

白磷　　　　红磷

图3　实验现象

4. 改进优势

（1）白磷燃烧产物不会泄漏到空气中造成污染。

（2）白磷、红磷在同一水温环境中，达到了控制变量的效果。

（3）气球缓冲试管内气压。

【方案二】

1. 实验装置

图4　燃烧条件的改进实验2

2. 实验器材及药品

器材：大烧杯、镊子、小刀、滤纸、广口瓶瓶塞。

药品：白磷、红磷、60℃以上的热水、氧气、氢氧化钠溶液。

3. 实验步骤

（1）准备一个250mL的烧杯，加入1/3～1/2 60℃以上的热水，再滴入几滴氢氧化钠溶液。

（2）准备一个60mL广口瓶的瓶塞，倒放。

（3）取绿豆大小的一块白磷，用滤纸擦干水，放到瓶塞上，再将瓶塞迅速放入热水，浸没，观察到白磷不燃烧。

（4）向水中的白磷通入氧气，观察到白磷燃烧。

4. 改进优势

（1）白磷燃烧的产物不会泄漏到空气中造成污染。

（2）氢氧化钠溶液吸收白磷蒸气以及白磷燃烧生成的磷酸，减少有害物质的污染。

【方案三】

1. 实验装置

图5　燃烧条件的改进实验3

2. 实验器材及药品

器材：注射器（30mL）、小烧杯（10mL）、250mL烧杯、镊子、小刀、滤纸。

药品：白磷、60℃以上的热水、氢氧化钠溶液。

3. 实验步骤

（1）准备一个10mL的小烧杯，向小烧杯中加入60℃以上的热水，再滴入几滴氢氧化钠溶液。

（2）取绿豆大小的一块白磷，用滤纸擦干白磷表面的水分，迅速放入小烧杯的热水里（限制白磷的移动范围）。

（3）在大烧杯（250mL）里倒入约150mL 60℃以上的热水，将小烧杯放入大烧杯，浸没，观察到白磷没有燃烧。

（4）用注射器对准小烧杯里的白磷注入空气，白磷燃烧。

图6　实验现象

4. 改进优势

（1）白磷燃烧的产物不会泄漏，防止污染环境。

（2）用注射器控制氧气流的速度，保证白磷不会蹿出水面。

（3）用小烧杯限制白磷的活动范围，防止通入氧气时，白磷被吹散而不能燃烧或在水面燃烧。

（4）氢氧化钠溶液吸收白磷燃烧生成的磷酸，减少污染。

（5）实验简单科学，成功率100%。

案例18　探究二氧化碳的制取与性质

📖 教材中的实验

1. 实验装置

图1　实验室里制取二氧化碳的一种装置

2. 实验依据

（1）大理石与稀盐酸反应生成二氧化碳。

（2）二氧化碳具有能与澄清石灰水反应、与水反应，且不能燃烧也不支持燃烧，密度比空气大的性质。

3. 存在缺陷

这是一套常规的固液反应装置，对激发学生兴趣和培养学生创新意识缺乏积极作用。

改进的实验

1. 实验装置

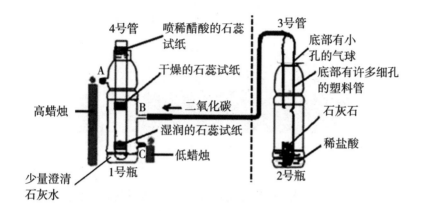

图2　探究二氧化碳的制取与性质实验装置

2. 实验器材及药品

器材：宽口饮料瓶（两个）、底部有许多细孔的塑料管（两根）、气球、蜡烛（两支，一长一短）、剪刀、可弯曲吸管若干、大吸管、透明胶、双面胶、红色石蕊试纸、蜡烛、火柴。

药品：稀盐酸、石灰石。

3. 实验步骤及现象

（1）组装装置，检查装置气密性。

（2）向2号瓶中加入稀盐酸，向3号管底部加入石灰石。

（3）在1号瓶底部加入少量澄清石灰水。

（4）在4号管的上中下3个位置分别贴一张石蕊试纸（从上往下依次是喷有稀醋酸的石蕊试纸、干燥的石蕊试纸、湿润的石蕊试纸），将4号管放入1号瓶，盖紧瓶盖。

（5）点燃高低不同的两支蜡烛，火焰分别对准1号瓶的两个"气孔"。

图3　组装实验装置

（6）通过下压或上拉2号瓶顶部的气球来控制石灰石与稀盐酸的接触与分离，从而控制反应的发生与停止。

（7）观察到1号瓶底的石灰水变浑浊，4号管管身上湿润的石蕊试纸变红，低蜡烛先熄灭，高蜡烛后熄灭。

图4　发生装置　　　　　　　　　图5　检验装置

4. 改进优势

（1）该装置全部用废弃材料组成，环保、轻便、不易损坏。

（2）装置集二氧化碳的制取、物理性质与化学性质的检验研究于一体，更加方便，现象明显，节约药品。

（3）装置对二氧化碳密度的研究，实验成功率100%。

（4）发生装置的设计可以随时控制反应的发生和停止，同时考虑到密封性，还可以任意固定塑料管的位置，方便随时调整塑料管的高度。

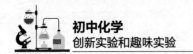
案例19 探究可能的催化剂

📖 **教材中的实验**

1. 实验装置

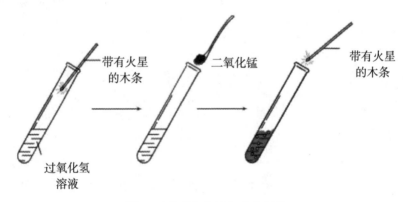

带有火星的木条

二氧化锰

带有火星的木条

过氧化氢溶液

图1 过氧化氢分解实验示意图

2. 实验依据

（1）向试管中加入过氧化氢溶液，将带火星的小木条放到试管口，小木条不复燃。

（2）向上述溶液中加入二氧化锰，将带火星的木条放到试管口，木条复燃。两次实验表明二氧化锰能加快过氧化氢溶液生成氧气。

（3）当上述溶液不再反应后，再加入少量过氧化氢溶液，试管口放带火星的木条，木条再次复燃，表明二氧化锰能继续加速过氧化氢溶液生成氧气。

3. 存在缺陷

课本上"分解过氧化氢制氧气的反应中二氧化锰的作用"以探究活动的形式出现，学生通过这一实验理解催化剂的化学性质不变，难度较大。那么，在学习这一内容时，可增加"探究哪些物质可以作为该反应的催化剂"，如常见的氧化铜粉末、碳粉等，以拓宽学生的探究视野，加深学生对催化剂的认识。

改进的实验

1. 实验及步骤

（1）探究哪些物质可以用作该反应的催化剂。

实验药品及现象

项目	第一份	第二份	第三份	第四份	第五份	第六份
过氧化氢溶液/mL	8	8	8	8	8	8
催化剂	无	二氧化锰（5g）	氯化铁（5g）	氧化铜（5g）	碳粉（5g）	铁粉（5g）
产生氧气情况	木条不复燃	木条复燃	木条复燃	木条复燃	木条不复燃	木条复燃

（2）探究催化剂的化学性质不变。

任做两个加有催化剂的实验，待反应完全后，再加入8mL过氧化氢溶液，将带火星的小木条放到试管口，观察木条是否复燃。

图2　向五支试管中分别加入相同的过氧化氢溶液8mL

图3　分别加入可能的催化剂

（从左往右加入二氧化锰、碳粉、氯化铁、氧化铜、铁粉）

图4　加入可能的催化剂3min后

观察可知：

（1）反应最剧烈——氯化铁。

（2）反应持续时间最长——铁粉。

（3）反应较剧烈、持续时间较长——二氧化锰。

（4）有催化作业——二氧化锰、氧化铜、氯化铁、铁粉。

2. 改进优势

增加对催化剂种类的探究，通过动手操作、实验现象和直观感受，为学生在头脑中建立有关催化剂的知识结构提供表象基础，促进学生对催化剂化学性质不变这一特点的理解。

案例20　探究神奇的广口瓶

1. 实验目的

（1）初中学生的逻辑思维能力和抽象思维能力的发展都比较有限，在教学中，借助直观的实验，能更好地帮助学生理解和学习。

（2）初中化学中，演示实验和可以用来演示的实验很多，用实验教学，效果好得多，但因为实验及器材准备起来烦琐而混乱，如果进行归纳整理，就更好了。

（3）化学是一门以实验为基础的学科，在实验中培养学生的创新思维和创新能力，是新课标提出的要求。

2. 多功能实验装置

图1　多功能实验装置

3. 实验

实验一:

(1) 实验名称和药品

实验名称: 探究分子运动。

药品: 浓氨水、酚酞溶液。

(2) 实验步骤及现象

① 准备实验装置, 检查装置气密性。

② 用一支胶头滴管吸取浓氨水, 用另一支吸取酚酞溶液。将浓氨水和酚酞溶液同时滴入下面的小烧杯, 约5s后观察到滴管尖嘴处的酚酞溶液变红。2min后, 烧杯中的酚酞溶液变红。

图2 将浓氨水和酚酞溶液 图3 滴入浓氨水2min后 图4 滴入浓氨水4min后
同时分别滴入小烧杯

(3) 实验意义

① 实验微型化, 节约药品。

② 实验装置密封, 防止污染。

③ 一装置多用, 有效解决了化学教师准备器材的烦琐问题。

实验二:

(1) 实验名称及药品

实验名称: 探究二氧化碳和水的反应。

药品：碳酸钠固体、稀硫酸、石蕊溶液、试纸。

（2）实验步骤及现象

① 准备实验装置，检查气密性。

② 一个小烧杯中盛有碳酸钠粉末，上面对应的胶头滴管中吸有稀硫酸（不用稀盐酸，排除盐酸挥发出的氯化氢使石蕊变红的干扰）。

③ 另外一个小烧杯中装有用紫色石蕊溶液浸泡的干燥的滤纸片，上面对应的胶头滴管中吸有水。

④ 向碳酸钠固体滴加稀硫酸，有气泡产生，但是紫色滤纸片不变红，说明二氧化碳不能使紫色石蕊溶液变红。

⑤ 向另一个小烧杯的紫色滤纸片滴水，观察到滴水的地方，紫色石蕊溶液变红了，证明石蕊变红是二氧化碳和水共同作用的结果。

⑥ 最后将变红的滤纸片取出，在酒精灯上稍微烘烤，纸片变为紫色，证明生成的碳酸不稳定，容易分解。

图5 向碳酸钠粉末滴稀硫酸　　　图6 向干燥的紫色石蕊试纸滴水

（3）实验意义

① 实验微型化，节约药品。

② 与原实验比较，新实验装置使用更方便，更科学严谨。

实验三：

（1）实验名称及药品

① 实验名称：探究二氧化碳与氢氧化钠的反应。

② 药品：碳酸钠固体、稀硫酸（或稀盐酸）、氢氧化钠溶液（或氢氧化钙溶液）。

（2）实验步骤及现象

① 准备实验装置，检查气密性。

② 其中一个小烧杯中盛有碳酸钠粉末，上面的胶头滴管中吸有稀硫酸（或稀盐酸）；另一个小烧杯中盛有氢氧化钠溶液，上面的胶头滴管中吸有稀盐酸。

③ 向碳酸钠粉末中滴加稀硫酸（或稀盐酸），观察到有气泡产生。

④ 3min后，向另一个小烧杯中滴加稀盐酸，也有气泡产生，证明氢氧化钠溶液已经与二氧化碳反应生成了碳酸钠。

⑤ 氢氧化钠溶液上面的滴管中的溶液可以换成氢氧化钙溶液或者氯化钙溶液，观察到有白色沉淀生成，证明氢氧化钠溶液中生成了碳酸钠。

图7　向碳酸钠粉末　　　图8　向原氢氧化钠溶液滴入稀盐酸
　　　滴入稀盐酸

（3）实验意义

实验设计简单、现象明显，先让学生直观感受二氧化碳与氢氧化钠的反应，再分析理解两者的反应，更符合学生的思维水平，学习效果更好。

实验四：

（1）实验名称及药品

① 实验名称：铵根离子检验。

② 药品及材料：氯化铵粉末、氢氧化钠溶液、红色石蕊试纸。

（2）实验步骤及现象

① 准备装置，检查气密性。

② 一个小烧杯中盛有氯化铵粉末，上面对应的胶头滴管吸有氢氧化钠溶液。

③ 另一个小烧杯中放有一张干燥的红色石蕊试纸，上面的胶头滴管中吸有水。

④ 向氯化铵粉末滴加氢氧化钠溶液，有气泡产生，观察到石蕊试纸无变化。

⑤ 再向石蕊试纸滴加水，观察到试纸变蓝了，证明氨气和水生成了氨水，氨水使试纸变成蓝色。

图9　向氯化铵粉末滴加氢氧化钠溶液　　图10　向红色石蕊试纸滴水

4. 实验意义

（1）实验微型化，装置密封，节约药品，保护环境。

（2）一装置多用。

（3）现象明显，科学性强。

补充说明：

如滴管中的溶液不够，可取下相应滴管的胶头，用手指指腹按住滴管口，用第三支滴管吸取需要的溶液，从相应的滴管口注入，直至足量。

案例21　探索铁快速生锈的方法

教材中的实验

1. 实验装置

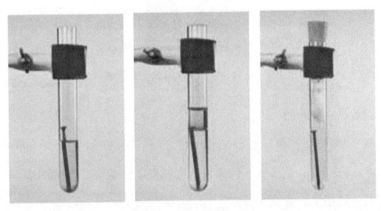

图1　铁钉锈蚀条件的探究

2. 实验依据

铁制品锈蚀的过程实际上是铁与空气中的氧气、水蒸气等发生化学反应的过程。

3. 存在缺陷

铁钉生锈需要的时间太长，不适合做课堂演示实验，但是对铁生锈的探究是初中化学中重要的学习内容之一，也是常考内容之一。如果不演

示，学生对铁锈及铁生锈的过程缺乏直观认识，造成理解不到位，不能解决相关问题。

📖 **改进的实验**

1. 实验装置

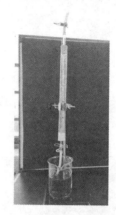

图2　铁钉锈蚀条件的探究实验装置

2. 实验器材和药品

器材：铁架台、两根硬质玻璃管（标上五等分刻度线）、单孔橡皮塞、导管、乳胶管、止水夹、铁架台（含铁夹）、烧杯、石棉网边。

药品：红墨水、食盐水。

3. 实验步骤

（1）检查装置的气密性。

（2）用铁夹把硬质玻璃管固定在铁架台上。

（3）将经过处理的石棉网边放入玻璃管，用带短导管的橡皮塞塞紧下端，用止水夹夹住乳胶管，从玻璃管上端注满食盐水，再用带短导管的橡皮塞塞紧上端，用止水夹夹住乳胶管，浸泡5min。

（4）打开两端止水夹，排净其中的食盐水，再夹住上端的止水夹，把玻璃管下端导管插入烧杯红墨水液面以下。约5min左右观察到红墨水液面开始缓慢上升，40min左右就能明显地观察到铁丝网表面有铁锈生成，最终烧杯中的红墨水进入玻璃管的体积大约占玻璃管容积的1/5，效果非常明显。

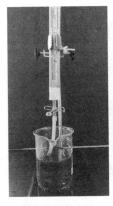　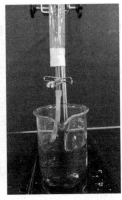　　

图3　5min后　　　　图4　40min后　　　　图5　第二天早上

补充说明：

a. 为了不影响生锈，食盐水浓度以饱和或接近饱和为宜。

b. 采用酸洗方法除锈，将石棉网边浸没在稀盐酸中，直至表明没有明显气泡，再用清水洗净。

c. 石棉网边的宽度以绕成圆筒状正好放入玻璃管为宜。

d. 装置的气密性良好是实验成功的关键。

4. 改进优势

（1）铁生锈时间短，现象明显，一节课时间观察到铁生锈和红墨水缓慢上升的现象，大大增强了实验的趣味性和直观性。

（2）操作简单安全。

（3）该实验可同时测定空气中氧气的含量，具有启发性。

案例22　探索实验室制取二氧化碳的发生装置

1. 实验目的

寻找更理想的发生装置制取二氧化碳，如能随时加快或减慢反应速度，能随时开始或停止反应。

2. 实验

实验一：

（1）实验装置

图1　实验室制取二氧化碳发生装置一

（2）实验器材及药品

器材：注射器（分液漏斗）、锥形瓶、双孔橡胶塞、玻璃导管、橡皮管、止水夹。

药品：稀盐酸、大理石。

（3）实验步骤及现象

① 组装装置，检查装置气密性。

② 向锥形瓶中加入大理石。

③ 用注射器吸取稀盐酸，或向分液漏斗里加入稀盐酸。

④ 将注射器里的液体挤入锥形瓶，或打开分液漏斗的开关和活塞，达
到控制反应速率的目的。

实验二：

（1）实验装置

图2 实验室制取二氧化碳发生装置二

（2）实验器材及药品

器材：滴瓶、滴管、输液管、橡胶管、输液开关、止水夹、烧杯。

药品：稀盐酸、大理石。

（3）实验步骤及现象

① 组装装置，检查装置气密性。

② 向滴管内加入大理石。

③ 向滴瓶内加入稀盐酸至刚刚浸到大理石。

④ 打开止水夹（或输液开关），产生气体；关闭止水夹（或输液开关），反应停止。

图3　滴管尖嘴朝下，适用于颗　　图4　滴管尖嘴朝上，适用于块
　　　粒状物等与液体的反应　　　　　　状或条状物等与液体的反应

补充说明：

a. 装置微小，适宜给学生演示怎样控制反应的发生与停止或制取少量气体。

b. 滴管与瓶口之间涂上适量的凡士林，保证装置的气密性。

c. 选用滴管与滴瓶时，不一定成套，应选择无论滴管是正插入滴瓶还是倒插入滴瓶，滴管大的部位伸入瓶内深一些，减少加入的液体的量。

（4）实验意义

① 根据中考难度要求，课本上的常规发生装置原理简单、形式单一，不能完全满足考试需求，结合平时实验需求，对发生装置进行归类和拓展是必不可少的。

② 根据新课标要求，在化学课程中，多鼓励学生改进原来的实验装置，并进行分类整理，培养学生的创新意识和操作能力，让学生在科学探究过程中提高综合素养。

案例23 探究水电解实验中气体的检验方法

教材中的实验

1. 实验装置

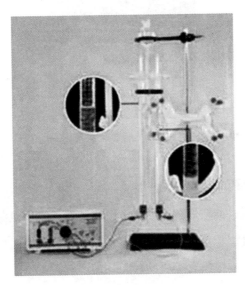

图1 电解水实验

2. 实验依据

氢气具有可燃性，将燃着的小木条放在靠近氢气处，气体能被点燃，并发出淡蓝色的火焰。

3. 存在缺陷

在检验氢气时，由于生成的氢气较少，如果直接在尖嘴处点火，一般只能听到轻微的爆鸣声，看不到氢气燃烧的火焰，甚至会有水喷出，造成实验失败。

📖 改进的实验

1. 实验装置

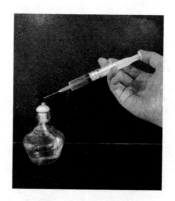

图2　气体检验装置

2. 实验器材及药品

器材：注射器、酒精灯、火柴、电解水装置及学生电源。

药品：水、氢氧化钠溶液。

3. 实验步骤

在检验氢气时，用小注射器把生成的氢气吸起来，然后移近火焰，慢慢推动注射器的活塞，使氢气喷出来。在氢气从注射器喷出的过程中，可以清楚地看到氢气被点燃。

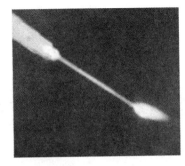

图3 实验现象

补充说明：

用注射器抽取氢气时，将针管伸入氢气，缓慢拉注射器活塞，尽量多吸入氢气，这样燃烧的时间会更长。氢气燃烧时，将针头置于火焰处，推动活塞，即看到氢气燃烧的火焰。然后移开针头，继续推动活塞，能看到氢气持续燃烧。因氢气燃烧的火焰受多种因素影响，如氢气流大小、氢气导出口材料、反应物成分等，要得到淡蓝色火焰，需要充分考虑以上因素。

4. 改进优势

（1）用注射器抽取电解水产生的氢气，100%能点燃。

（2）推动活塞的速度控制氢气燃烧火焰大小，还可以随时终止燃烧，保证了实验的安全性和可控性。

案例24 探究活性炭的吸附作用

教材中的实验

1. 教材中的实验

在盛有半瓶水的小锥形瓶里加入一滴红墨水，使水略显红色。投入几块烘烤过的木炭（或活性炭），轻轻振荡锥形瓶，观察现象。

2. 实验依据

活性炭具有疏松多孔的结构，因此它具有较好的吸附能力，可以吸附色素。

3. 存在缺陷

（1）褪色需要时间过长。

（2）加入木炭太多，溶液颜色很黑，待木炭完全沉淀，所需时间长；加入木炭较少，褪色不明显且时间很长。

（3）用后的活性炭不利于回收。

改进的实验

1. 实验装置

图1　向两支试管加入一样的红墨水

2. 实验器材及药品

器材：试管（ϕ320mm×200mm）、活性炭、滤纸、药匙。

药品：红墨水。

3. 实验步骤

（1）向两支试管中分别加入等量的红墨水。

（2）向其中一支试管中加入少量活性炭，轻轻振荡。

（3）将两张滤纸搓成团，分别放入两支试管的底部。

（4）静置1min后，观察两试管中液体颜色的变化。

（5）加入了活性炭的试管，滤纸上面的水红色褪去；没有加活性炭的

试管；滤纸上面的水依然是红色。

图2　向其中一支试管加入　　　图3　分别向两支试管放入　　　图4　静置1min后
　　　少量活性炭　　　　　　　　　　一团滤纸

补充说明：

活性炭的吸附性受活性炭表面积、质量、液体的酸碱度等因素影响，为了在演示实验中提高褪色效率，可向红墨水中加入少量酸，明显缩短褪色时间；也可以不加入滤纸，在加入活性炭后，轻轻振荡，再将上层液体过滤，即可看到褪去红色的水。

4. 改进优势

（1）能在短时间内完成实验，提高了课堂实验效率。

（2）实验简单，操作方便，褪色快，对比鲜明。

（3）用滤纸固定活性炭，既不影响活性炭的吸附效果，又方便实验后回收活性炭。

（4）既具有教学实用性和趣味性，又体现了可回收、低污染、省资源的环保理念。

案例25　探究二氧化碳的净化

1. 实验目的

实验室用稀盐酸和大理石为原料制取二氧化碳气体，因盐酸具有一定的挥发性，得到的二氧化碳气体不仅携带了水蒸气，还含有氯化氢气体。如果需要得到纯净的二氧化碳气体，必须对二氧化碳进行合适的除杂处理。

课本中未涉及这一内容，但它却是重要考试的考点，因此，净化实验室制取的二氧化碳气体是值得探究的问题。

2. 实验器材及药品

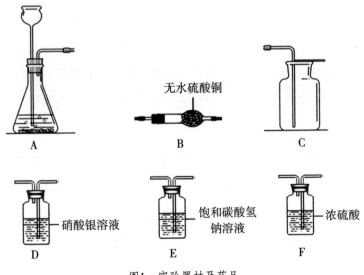

图1　实验器材及药品

3. 实验步骤及现象

（1）盐酸具有挥发性，制取的二氧化碳气体里会不会有挥发出的氯化氢气体？怎么检验？如果有，又怎么除去？

（2）连接A→C，向锥形瓶中加入大理石，向长颈漏斗加入浓度偏高的盐酸，观察D中溶液是否出现白色浑浊。

（3）收集的二氧化碳气体会不会携带水蒸气？怎么检验？有合适的干燥方法吗？

（4）连接A→B，观察白色的无水硫酸铜是否变成蓝色。

（5）二氧化碳是溶于水的，在除去其他成分的同时，如何不影响二氧化碳的收集？

（6）连接A→E（E中长导管），观察气泡情况，初步判断二氧化碳是否溶解。

（7）假如收集的二氧化碳气体中可能含有氯化氢气体和水蒸气，需要进一步检验确定，你准备先检验哪种气体？为什么？

（8）假如收集的二氧化碳气体中确定含有氯化氢气体和水蒸气，需要除去，你准备先除去哪种气体？为什么？

（9）连接实验装置A→B→D→E→F→C，再向长颈漏斗内加入一定量较浓的盐酸。

（10）可能有学生质疑：经过这一系列处理，二氧化碳中的水蒸气和氯化氢气体是否已除尽？鼓励学生继续完善实验方案，并进行验证。

4. 实验意义

常见气体在制取过程中的干燥、除杂问题是中考考点，也是难点，教材中没有系统内容，没有专门知识点。为了有效突破这一难点，同时做到不因难点而影响学生的积极性和学习化学的信心，教师提问引导，激励学生自己设计实验方案，并进行验证，以肯定学生的想法或促进学生完善实验设计，从而使学生解决这一类问题，保护和激发学生的兴趣和好奇心。

第二部分

趣味家庭实验

化学是一门以实验为基础的学科,初中化学是学生学习化学的启蒙,承担着培养学生学习化学的兴趣、创新意识和探究能力的作用,为学生创新能力的发展和实验操作能力的发展奠定基础。因此,除了在化学课堂教学中发挥演示实验和分组实验的重要作用外,还可以发挥家庭趣味实验的作用,让学生在课余时间也能进行化学实验。家庭趣味实验也是初中化学实验的重要组成部分,开发家庭趣味实验,可以调动学生参与实验的兴趣,丰富学生的课后生活,借助课堂上培养的学生的兴趣,将课堂以轻松、自主的方式延伸到课外,可以拓宽学生的视野,发展学生的表象思维,使学生通过参与,更好地从直观形象思维顺利过渡到抽象逻辑思维。

家庭趣味化学实验的重要意义主要有:

(1)有利于使化学课堂走进学生的日常生活。初中生喜欢丰富多彩的生活,喜欢挑战和刺激,化学是一门源自生活的学科,生活中处处充满了化学知识,可以满足学生的心理需求,将学生的多余精力引入有意义又符合他们发展方向的事情,从而使学生感受到化学实验的实用性和生活性。比如,家庭趣味实验可以开展"自制简易净水器""巧妙去除水垢"等小实验,这些实验可以帮助学生解决现实生活中的问题。当学生完成这些实验时,不仅可以激发他们的探索欲望,还能进一步让他们感受到化学知识的趣味性。

(2)有利于培养学生的实验操作能力。学生的课堂时间是很有限的,初中化学课时也是很有限的,大部分学生在学校做化学实验的机会很少,这不利于培养学生的动手操作能力。趣味家庭实验可以弥补这一缺陷,它不仅可以丰富学生的课余生活,也能有效培养他们的动手操作能力,在实验设计和改进的过程中培养学生的创新能力,增强他们学习化学的兴趣,同时使他们获得学习成就感。

(3)有利于学生进一步理解化学原理。初中化学知识比较烦琐,学生需要掌握大量的化学原理、符号等。在家庭开展化学趣味实验,可以帮助学生进一步理解化学原理、概念。我们知道,知识在理解了之后再记忆,效果会好得多,而且运用起来也容易。学生课后的自主化学实验对帮助学生梳理化学知识,打通脉络,在此基础上进行深度加工,建构知识能力网络,具有难以替代的作用。

案例1　探究分子运动一

1. 实验目的

通过"氨水的挥发使酚酞溶液变红"的实验来探究分子运动。

2. 实验器材及药品

器材：白纸（滤纸）、10mL小烧杯、铁架台、细线、毛笔。

药品：酚酞溶液、浓氨水。

3. 实验装置

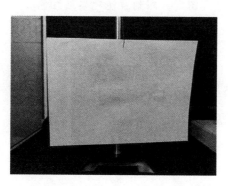

图1　探究分子运动实验装置

4. 实验步骤及现象

（1）准备一张白纸（滤纸），系好细线，用毛笔蘸上酚酞溶液在白纸（滤纸）上画一个自己喜欢的图案，将白纸（滤纸）挂在铁架台的合适高

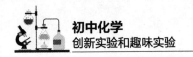

度（白纸上的图案不低于小烧杯）。

（2）向小烧杯中加入约5mL浓氨水后，将小烧杯放在白纸（滤纸）下方，靠近白纸（滤纸），约10s后，看到白纸（滤纸）上出现清晰的、红色的图案。

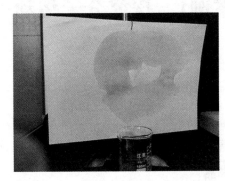

图2　实验现象

补充说明：

白纸（滤纸）上的图案由自己做主，如果红色图案不明显，可拿起盛放浓氨水的小烧杯靠近图案，即刻就能观察到红色。

5. 实验意义

（1）操作简单，现象直观明显，具有较好的观赏性。

（2）既可以满足学生的好奇心，培养学生的化学情感，又对激发学生的探究欲望具有积极作用。

案例2 探究分子运动二

1. 实验目的

浓氨水具有很强的挥发性，挥发出来的氨气分子溶于水生成氨水，氨水呈碱性，能使无色酚酞溶液变红色。

2. 实验器材及药品

器材：宽口透明塑料瓶（盛放零食的透明塑料瓶）、玩具水管、铜丝做的"小树"、注射器、滤纸、剪刀。

药品：浓氨水，酚酞溶液。

3. 实验装置

图1 探究分子运动的实验装置

4. 实验步骤及现象

（1）连接好玩具水管与塑料瓶。

（2）用铜线做成"树"，用滤纸做成"树"上的"花"，再向两棵"树"上的"花"喷酚酞溶液，观察到"花"不变色（说明蒸馏水不能使酚酞溶液变色）。

（3）将两棵"树"分别放入两个透明塑料瓶，盖上瓶盖。

（4）用10mL注射器吸取约6mL浓氨水，从其中一个塑料瓶下部注入，几秒钟后，观察到此瓶中"树"上的白"花"从下往上逐渐变红。

（5）1min后，观察到另一个瓶中"树"上的白"花"也逐渐变红，就好像盛开的桃花。

图2 实验现象

补充说明：

a.在瓶盖上安装玩具水管的时候，可用合适口径的试管在酒精灯上烧热，然后在瓶盖上烫一个孔，孔边凝固前迅速将玩具水管插入合适长度，装置密封性非常好。

b.玩具水管直径越大，"红花"出现越早。

c.在选择注入浓氨水的位置时，既要使浓氨水注入后不会从注入口流出，又要方便在实验结束后用注射器回收注入的浓氨水。

5.实验意义

（1）本实验采用学生常见的用品来完成，如家里小朋友玩过的玩具水管，盛放零食的塑料瓶，实验材料廉价易得，又可反复使用。

（2）实验设计进一步体现了"绿色环保"的新课程理念。实验过程中避免了氨气对环境的污染，实验结束后，可用注射器从浓氨水注入口将瓶内的浓氨水抽取出来，几乎没有浓氨水的散逸。

（3）对比性更强，从一个塑料瓶靠近底部的位置注入氨水，"树上的"白"花"从下而上逐渐变红，另一边瓶中"树"上的"花"则从上往下逐渐变红，充分体现了化学学习中的类比法。

（4）实验装置简单、操作简便、现象明显、观赏性强、趣味性强、用时短，具有较强的科学性，能充分激发学生探究的欲望。

案例3　探究分子运动三

1. 实验原理

浓氨水具有很强的挥发性，挥发出来的氨气分子溶于水生成氨水，氨水呈碱性，能使无色酚酞溶液变成红色。

2. 实验器材及药品

器材：小贝壳（两片）、250mL烧杯。

药品：浓氨水、酚酞溶液。

3. 实验装置

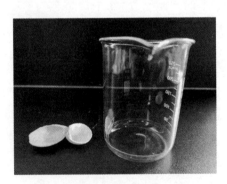

图1　探究分子运动实验装置

4. 实验步骤及现象

（1）向其中一片贝壳加入3mL蒸馏水，滴入2滴酚酞溶液，混合均匀。

（2）向另一片贝壳加入3mL浓氨水。

（3）立即用烧杯罩住两片贝壳。

（4）十几秒钟后，观察滴有酚酞溶液的贝壳出现红色。

图2　实验现象

补充说明：

如果浓氨水太少，酚酞溶液变红需要的时间较长，大概需要3min左右，如果需要减少时间，可适当增加浓氨水的量。

5. 实验意义

（1）贝壳源自生活，用贝壳开展实验，既实现了实验的微型化，节约了药品，减少了污染，又能将化学与生活紧密联系起来。

（2）贝壳内壁呈白色，溶液变色前后颜色对比明显。

案例4 探究分子运动四

1. 实验原理

醋酸呈酸性，且具有较强的挥发性，挥发出来的醋酸分子能使湿润的蓝色石蕊试纸变成红色。

2. 实验器材及药品

器材：矿泉水瓶、剪刀、小贝壳、蓝色石蕊试纸。

药品：白醋。

3. 实验装置

图1 探究分子运动实验装置

4. 实验步骤及现象

（1）将带盖的矿泉水瓶剪去瓶底。

（2）将5mL白醋倒入小贝壳。

（3）将一片蓝色石蕊试纸放入盛醋酸的贝壳，试纸马上变成红色，取另一片蓝色石蕊试纸用蒸馏水湿润，放在贝壳旁边。

（4）用去底的矿泉水瓶罩住贝壳和湿润的蓝色石蕊试纸。可用一片干燥的蓝色石蕊试纸放在瓶外对比，十几秒钟后，观察到贝壳旁边的蓝色石蕊试纸变成红色。

图2　实验现象

5. 实验意义

（1）回收生活中的废弃材料用于化学实验，拉近了学生与化学的距离，有利于培养学生的兴趣。

（2）用白醋代替浓氨水，避免了浓氨水挥发而刺激呼吸系统，更安全环保。

（3）实验时间短，操作简单，现象明显。

案例5　除水垢

1. 实验目的

（1）生活中哪里会有水垢呢？

烧水壶里的水垢

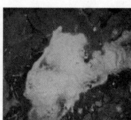
饮水机里的水垢

锅炉内的水垢

图1　生活中的水垢

（2）水垢是怎样形成的？

① 什么是硬水？

含有较多钙离子（Ca^{2+}）、镁离子（Mg^{2+}）的可溶性化合物的水叫作硬水。河水、湖水、井水和泉水一般都是硬水。自来水是河水、湖水或者井水经过沉降，除去泥沙，消毒杀菌后得到的，一般也是硬水。

② 硬水与水垢有什么关系？

硬水中含有的较多的含钙离子、镁离子的可溶性化合物主要就是可溶解的碳酸氢钙［$Ca(HCO_3)_2$］和碳酸氢镁［$Mg(HCO_3)_2$］，在沸腾的水里，它们会分解，变成难溶解的碳酸钙（$CaCO_3$）和氢氧化镁$[Mg(OH)_2]$沉淀，有时也会生成碳酸镁（$MgCO_3$）沉淀，这些沉淀附着在容器内壁上，就形成了水垢。

（3）水垢有什么危害？

① 对于一个家庭来说，用硬水洗衣服的时候，水里的钙、镁离子与肥皂结合，能生成絮状沉淀，这就是大人说的"豆腐渣"。所以在硬水里洗衣服，浪费肥皂。水壶里形成水垢，不容易传热，浪费燃料。

② 对于工厂来说，工厂供暖供气用的大锅炉，有的每小时要送出好几吨蒸气，相当于烧干几吨水。据试验，1t河水里大约有1.6kg矿物质，而1t井水里的矿物质高达30kg。一天输送几十吨蒸气，硬水在锅炉内壁沉积的水垢数量又该多么惊人！大锅炉里形成了水垢，好比锅炉壁的钢板和水之间筑起一座隔热的石墙。锅炉钢板接触不了水，炉膛的火把钢板烧得通红。这时候，如果水垢出现裂缝，水立即渗到高温的钢板上，急剧蒸发，造成锅炉内压力猛增，就可能发生爆炸。锅炉爆炸的威力不亚于一颗重磅炸弹爆炸！

可见水垢的危害与我们每个人都有关系！

（4）水垢能除掉吗？

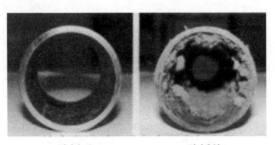

除垢后　　　　　　　　除垢前

图2　除掉水垢

（5）可用什么去除水垢？

2. 实验方案及步骤

（1）用食醋去除水垢。

① 取少量水垢放入试管，向水垢加入家用食醋，充分振荡，如果产生气泡，将气体通入澄清石灰水，观察石灰水是否变浑浊，从而判断是否有二氧化碳气体生成。

② 观察水垢是否消失，如果消失，则可用家用食醋去除水垢。

（2）用实验室的稀盐酸去除水垢。

① 取少量水垢放入试管，向水垢加入适量稀盐酸，充分振荡，如果产生气泡，将气体通入澄清石灰水，观察石灰水是否变浑浊，从而判断是否有二氧化碳气体生成。

② 观察水垢是否消失，如果消失，则可用稀盐酸去除水垢。

（3）用实验室稀硫酸除去水垢。

① 取少量水垢放入试管，向试管中加入适量稀硫酸，充分振荡，如果产生气泡，将气体通入澄清石灰水，观察石灰水是否变浑浊，从而判断是否有二氧化碳气体生成。

② 观察水垢是否消失，如果消失，则可用稀硫酸去除水垢。

案例6 探究实验室制取二氧化碳的原料

1. 实验目的

从生活中寻找新原料，用于实验室制取二氧化碳。

2. 实验器材及药品

器材：实验室制取二氧化碳的实验装置、透明玻璃杯、玻璃棒。

药品：白醋、鸡蛋、鸡蛋壳、澄清石灰水。

3. 实验装置

图1 实验室制取二氧化碳装置

4. 实验步骤

（1）看一看、摸一摸鸡蛋外壳。

（2）向透明玻璃杯中加入半杯白醋，将鸡蛋轻轻放入白醋。

（3）观察到鸡蛋壳表面出现密密麻麻的气泡。

（4）推测产生了什么气体。

（5）将鸡蛋壳放入锥形瓶，向长颈漏斗中加入白醋，如观察到右边试管中的澄清石灰水变浑浊，则表明产生的是二氧化碳气体，由此表明鸡蛋壳与白醋反应可用于实验室制取二氧化碳气体。

5. 实验意义

（1）通过实验现象，鸡蛋在白醋中时而"潜水"，时而"仰泳"，使学生产生疑问：为什么鸡蛋在白醋中会不停地沉浮？为什么鸡蛋壳表面有气泡？这激发了学生的兴趣和好奇心，充分调动了学生的探究欲望。

（2）学生在实验中发现，原来鸡蛋壳与白醋也能反应产生二氧化碳气体。化学实验还可以从身边取材，拉近了学生与化学的距离。

案例7　探究石墨的导电性

1. 实验目的

测试石墨铅笔的导电性。

2. 实验器材

铅笔3支（HB，2B，6B各1支）、6V电源1个、小灯泡（有座）1个、开关1个、导线。

3. 实验步骤及现象

（1）连接串联电路，在a，b两接线柱处各留一个金属卡槽。

（2）将HB，2B，6B 3支铅笔先后接入卡槽a，b之间，观察小灯泡每一次的亮度。

（3）实验现象：接入HB铅笔小灯泡较暗，接入6B铅笔小灯泡较亮，接入2B铅笔，小灯泡亮度位于前两者之间。

（4）3支铅笔的石墨含量由高到低依次是6B，2B，HB。可见，石墨能导电，且铅笔中石墨含量越高，导电性越好。

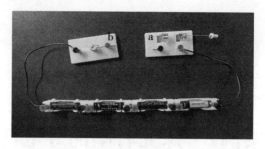

图1 连接电路

图2 检测HB铅笔的导电性

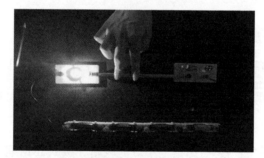

图3 检测2B铅笔的导电性

图4 检测6B铅笔的导电性

4. 实验意义

（1）学习石墨的导电性，课本上只呈现了两幅图片，学生缺乏体验其导电性的直观过程。本装置简单，可反复使用，能作为学习初中化学石墨的导电性的教学资源。

（2）实验充分说明了石墨具有导电性，并因碳含量不同而发生变化，可为高中学习石墨电极相关知识做铺垫。

案例8　探究晶莹的世界

1. 实验目的

制作自己想要的晶体。

2. 实验器材及药品

器材：大盘、大碗、透明胶片、剪刀、油性笔、筷子。

药品：150g明矾、水。

3. 制作方法

（1）在透明胶片上设计图案，如雪花、孩子、山、房子、卡通人物等，用作结晶模板，再将模板另一面打毛，放到盘中。

（2）在大碗中加入水，溶解明矾，制成饱和溶液。

（3）将明矾的饱和溶液倒到大盘中，放入冰箱。

（4）几分钟后，观察到胶片上出现晶体。一小时后，观察到胶片上有一层厚厚的晶亮的明矾结晶。

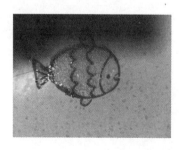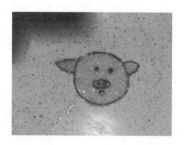

 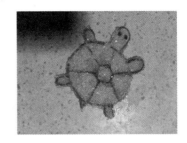

图1　附有结晶明矾的胶片

补充说明：

为了提升结晶效果，可在溶解明矾时稍微加热，或用热水溶解。

4. 实验意义

相比于课本上的结晶实验：

（1）用这种方法制作出来的明矾晶体晶莹剔透，没有浑浊或杂质，非常精美。

（2）自己动手设计晶体形状，激发了学生动手创作的欲望，并让学生在体验中理解明矾的溶解性特点是随着温度的变化而变化的。

案例9　探究常见液体的导电性

1. 实验目的

探究不同液体的导电性。

2. 实验器材及药品

器材：学生电源、长导线、试管夹、25mL小烧杯。

药品：水、食盐水、酒精、蔗糖水、氢氧化钠溶液、澄清石灰水、稀氨水、稀盐酸、稀硫酸、醋酸。

3. 实验步骤及现象

（1）测试电路。

（2）在小烧杯中盛装好要测定的液体，如稀盐酸、稀硫酸、氢氧化钠溶液、水、乙醇。

（3）把回路导线剪断，两端各露出约1cm长的铜丝，再分别将导线缠绕在试管夹上，做成简易导电性测试探头。

（4）将简易探头一起放进同一液体（探头不接触），灯泡不亮，则溶液不导电；灯泡越亮，溶液导电性越强。

（5）溶液的酸碱性。

酸性：稀盐酸、稀硫酸、醋酸。

中性：蔗糖水、酒精、食盐水。

碱性：稀氨水、澄清石灰水、氢氧化钠溶液。

（6）实验现象。

能导电：稀盐酸、稀硫酸、醋酸、澄清石灰水、氢氧化钠溶液、稀氨水、食盐水。

不能导电：酒精、蔗糖水。

（7）实验表明：导电性与溶液的酸碱性无关。

图1　检测石灰水的导电性

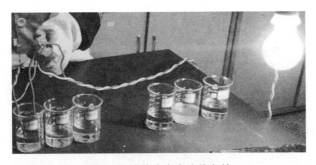

图2　检测醋酸溶液的导电性

图3　检测食盐水的导电性

补充说明：

实验中须使用学生电源或低压直流电源，还可以检测同种液体不同浓度时的导电性。

4. 实验意义

（1）可用于检测各种液体导电性的演示实验，帮助学生理解电离的有关知识。

（2）可进行家庭拓展实验：检测一些水果的导电能力。

（3）操作简单，不仅可用于课堂演示，还可用于学生开展课外实验。

案例10　探究分子间隔一

1. 实验目的

借助宏观物质研究微观粒子，使抽象的事物形象化。

2. 实验器材及药品

器材：100cm细玻璃管、烧杯。

药品：红墨水、酒精。

3. 实验步骤及现象

（1）取一根长100cm（长度50cm以上即可）的细玻璃管（直径5～10mm），玻璃管下口密封。

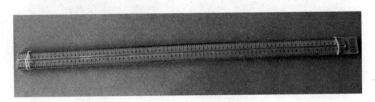

图1　细玻璃管

（2）准备20mL红墨水，将红墨水加入玻璃管中至35～36cm刻度处。

（3）准备20mL酒精，将酒精缓缓加入玻璃管，至70cm刻度处。

（4）用食指或中指指腹堵严玻璃管上口，迅速将玻璃管颠倒、振荡，使酒精与水充分混合，再将玻璃管竖直朝上，放开堵管口的手指，观察到混合后的液面明显低于70cm，这说明水和酒精混合后，总体积小于两者体积之和。

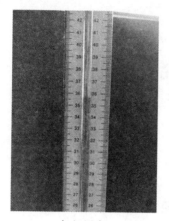
加红墨水

再加酒精

图2　实验过程

酒精与水界面

酒精与水混匀后

图3　实验现象

补充说明：

a. 实验时，先加红墨水，再加酒精，因为酒精的密度比水小，可浮在水面，在缓慢添加酒精的过程中，两者不易混合，留有清晰界面，使混匀前后体积差更明显。

b. 在水中加入红墨水，更清晰地观察到酒精与水的界面以及混匀后的液面，便于观察和读数。

4. 实验意义

（1）实验现象明显，易操作。

（2）对帮助学生走进微观世界，理解微观粒子之间有间隔，意义较大。

案例11 探究分子间隔二

1. 实验目的

借助宏观物质研究微观粒子，使抽象的事物形象化。

2. 实验器材及药品

器材：20cm量筒（2个）、50mL量筒、烧杯。

药品：红墨水、酒精。

3. 实验步骤及现象

（1）选取两个量程为20mL的量筒，再分别量取20mL酒精和20mL红墨水。

（2）选择一个量程为50mL的量筒。

（3）将量取好的20mL酒精和20mL红墨水一起倒入50mL量筒。

（4）观察到混合后酒精与红墨水的总体积小于40mL。

图1　20mL红墨水和20mL酒精　　　　图2　两者充分混合后

补充说明：

将量好的20mL酒精和20mL红墨水倒入50mL量筒时，先倒酒精，再倒红墨水，因为红墨水密度比酒精大，两者在倒入大量筒时能更好地混合，使混合前后体积差更明显。

4. 实验意义

所需器材少，操作简单，现象明显，能激发学生自己动手实验的欲望。

案例12 探究瓶子"吞"鸡蛋

1. 实验目的

学习碱的化学性质时，将二氧化碳通入氢氧化钠溶液反应，由于观察不到实验现象，学生缺乏感性认识，常常不能理解。为解决以上问题，可以对实验进行改进。

2. 实验器材及药品

器材：250mL集气瓶。

药品：一瓶二氧化碳气体、剥壳的熟鸡蛋、氢氧化钠溶液。

3. 实验装置

图1 瓶子"吞"鸡蛋实验装置

4. 实验步骤

（1）将熟鸡蛋剥壳。

（2）向集气瓶中通入二氧化碳气体，验满。

（3）向盛满二氧化碳的集气瓶中加入约15mL氢氧化钠溶液。

（3）迅速将剥壳的熟鸡蛋放在瓶口，鸡蛋稳稳地堵住瓶口，不会掉下。

（4）再轻轻振荡集气瓶。

（5）观察到瓶口的鸡蛋掉入瓶中。

图2　实验现象

补充说明：

a. 集气瓶中的二氧化碳气体须满，在二氧化碳与氢氧化钠溶液反应后，瓶内外能够产生足够的压强差。

b. 集气瓶的口径与鸡蛋大小合适。如果瓶口大了，鸡蛋放在瓶口便会自动滑落；如果瓶口小了，反应后产生的压强差也不能使鸡蛋被"吞"入瓶中。

c. 在添加氢氧化钠溶液时，沿瓶壁缓慢倒入，且不超过15mL，以免与瓶中二氧化碳反应太快，鸡蛋刚好稳在瓶口便掉入瓶中，易让学生误以为是鸡蛋小了而自动滑落。

d. 如有瓶口与鸡蛋大小相近的塑料瓶，可将剥壳的熟鸡蛋放稳在瓶口后，用注射器吸取氢氧化钠溶液从瓶身上半部注入瓶内，且可多注入氢氧化钠溶液，使瓶内二氧化碳尽快反应完，瓶口的鸡蛋也能尽快被"吞"入瓶中。

5. 实验意义

（1）表演"瓶吞鸡蛋"的"魔术"，造成学生视觉上的冲突，激起学生强烈的好奇心，更有效地集中学生的注意力，激起学生探索的欲望。

（2）可根据需要，再增设一个对比实验：将氢氧化钠溶液换成等体积的水，观察鸡蛋是否被瓶子"吞"入，进一步帮助学生理解控制变量法。

案例13　探究二氧化碳的性质

1. 实验目的

通过简单实验探究二氧化碳的物理性质与化学性质。

2. 实验器材及药品

器材：铁架台、Y形管、干燥的浸泡过紫色石蕊溶液的滤纸（以下简称"干燥的紫色滤纸"）、剪刀。

药品：二氧化碳、水。

3. 实验装置

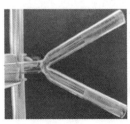

干燥的紫色
滤纸条

湿润的紫色
滤纸条

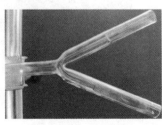

湿润的紫色
滤纸条

湿润的紫色
滤纸条

图1　探究二氧化碳性质实验装置

4. 实验步骤

（1）将干燥的紫色滤纸剪成小条。

（2）将Y形管固定在铁架台上，让两支管保持在同一竖直平面上。

（3）在Y形管的两支管里分别放入一片干燥的紫色石蕊试纸（上）和一片湿润的紫色石蕊试纸（下）。

（4）向Y形管主管通入二氧化碳气体。

（5）观察到干燥的紫色滤纸条不变色（上），湿润的紫色滤纸条变成红色（下）（图2）。

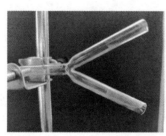

干燥的紫色滤纸

湿润的紫色滤纸条

图2　实验现象一

（6）将Y形管固定在铁架台上，让两支管保持在同一竖直平面上。

（7）在Y形管的两支管里分别放入一片湿润的紫色滤纸条（上、下）。

（8）向Y形管主管通入二氧化碳气体。

（9）观察到上支管中湿润的紫色滤纸条不变色，下支管中湿润的紫色滤纸条变成红色（图3）。

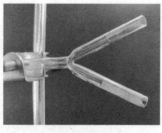

湿润的紫色滤纸条

湿润的紫色滤纸条

图3　实验现象二

补充说明：

这是探究二氧化碳密度的实验，当向Y形管主管通入二氧化碳气体时，二氧化碳会因密度大而沿着下面的支管向下流动，使下面湿润的紫色滤纸条变红。但通入二氧化碳的气流要缓慢，避免气流太大二氧化碳冲到上面支管，干扰实验结果。

5. 实验意义

（1）实验装置简单、操作方便，用同一装置巧妙验证二氧化碳多个性质，使实验集约化。

（2）简单的实验器材经过发现和创新使用，能解决化学中的许多问题，激发学生的创新意识。

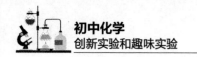
案例14　探究氧气的密度

1. 实验目的

探究氧气密度与空气密度的大小关系。

2. 实验器材及药品

器材：实验室用过氧化氢溶液制取氧气的实验装置、集气瓶（2个）、毛玻璃片（2片）、酒精灯、火柴、线香、铁架台（带铁圈）。

药品：过氧化氢溶液、二氧化锰。

3. 实验步骤及现象

（1）用集气瓶收集满两瓶氧气，盖上玻璃片。

（2）将其中一个集气瓶正放在桌面上，将另一个集气瓶倒过来（玻璃片一直盖住集气瓶口不能松开），用铁架台固定，使两个集气瓶瓶口保持一致高度。

（3）同时打开两个瓶口的玻璃片。

（4）40s后，分别把带火星的木条伸入两个集气瓶。伸入瓶口向上的，木条复燃；伸入瓶口向下的，木条不复燃。这表明氧气密度比空气大。

图1 收集两瓶氧气

图2 移开瓶口玻璃片

图3 40s后检验

补充说明：

通过验满，要确保两瓶中分别集满氧气。

4. 实验意义

（1）让学生感受到身边常用的简单器材有很多种用法，创新化学实验并不难，培养学生的创新信心和意识。

（2）通过实验，教会学生简单的控制变量的探究方法，培养学生控制变量的思想和探究的意识。

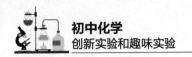

案例15　探究二氧化碳的溶解性

1. 实验目的

从身边寻找合适的用品，通过简单的实验探究二氧化碳的溶解能力。

2. 实验器材及药品

器材：实验室制取二氧化碳的装置、集气瓶、玻璃片、线香、火柴、酒精灯、100mL注射器。

药品：大理石、稀盐酸、红墨水。

3. 实验装置

图1　探究二氧化碳溶解性实验装置

4. 实验步骤

（1）用注射器吸入50mL二氧化碳，再吸入50mL红墨水，用手指堵住注射器的针孔，此时，注射器活塞对应刻度是100mL。

（2）充分振荡注射器，观察到注射器活塞向内移动，待示数稳定后，读取活塞对应的刻度约70mL。

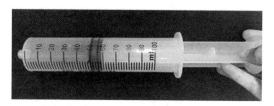

图2　吸入50mL二氧化碳气体

图3　再吸入50mL红墨水

图4　充分振荡后

补充说明：

a. 实验时室温为33℃，查资料，标准大气压下，1L水中溶解二氧化碳约0.59L。

b. 二氧化碳要纯净，避免其他不溶性气体杂质干扰实验。

c. 二氧化碳与水应充分混合。

5. 实验意义

（1）通过活塞的运动直观地观察二氧化碳溶于水的实验现象。

（2）通过直观定量的实验将二氧化碳溶于水这一抽象知识形象化、具体化，对帮助学生理解气体的溶解性有较明显的实际意义。

案例16　探究魔术瓶的用途

1. 实验目的

探索魔术瓶在初中化学实验中的用途。

2. 实验药品

氢氧化钠溶液、大理石、稀盐酸。

3. 实验装置

图1　氢氧化钠溶液（左滴管）、红墨水（右滴管）

4. 实验步骤

（1）用胶头滴管吸取氢氧化钠溶液（左）和红墨水（右）。

（2）将集气瓶集满二氧化碳后塞紧瓶塞。

（3）将滴管内的红墨水滴入瓶中，轻轻振荡。

（4）观察到小气球仍是瘪的。

（5）再将滴管内的氢氧化钠溶液挤入瓶中，轻轻振荡，观察到小气球鼓起来了。

（6）对比前后小气球的大小变化。

图2　滴入红墨水，轻轻振荡　　　图3　再滴入氢氧化钠溶液，轻轻振荡

补充说明：

如果滴管内的溶液不够，可取下滴管的胶头，用手指指腹按住滴管顶部，用第三支滴管吸取溶液后，从对应的滴管顶部继续滴入，直至足量。

5. 实验意义

通过气球的大小变化，激发学生的好奇心，引导学生根据现象分析原因，梳理思路，寻找方法。

案例17　探究水排气与气排水

1. 实验目的

突破多功能瓶的正确使用这一考点与难点，帮助学生理解气排水和水排气的方法，提高学生学好化学的信心，激发学生的积极性，设计了此趣味实验。

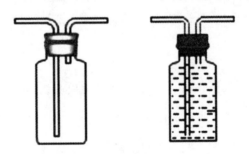

图1　多功能瓶

2. 实验器材及药品

器材：输液瓶、铁架台（带铁夹）、小矿泉水瓶、输液管（带输液开关）、杯子。

药品：水。

3. 实验装置

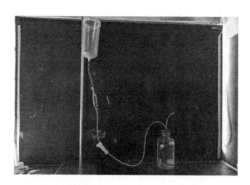

图2　水排气与气排水实验装置

4. 实验步骤

（1）准备一个输液瓶，固定在铁架台合适高度。

（2）准备一个盛满水的小矿泉水瓶，并在瓶塞上钻两个输液管大小的孔。

（3）输液瓶连接输液管（带输液开关），输液管再从瓶盖小孔伸入瓶中（只露出一点点）。

（4）另一输液管从瓶盖另一小孔伸入瓶底。

（5）打开输液开关，用打气筒向输液瓶底部入口打气，观察到矿泉水瓶中液面降低，水从瓶中排出，感受气排水的方法。

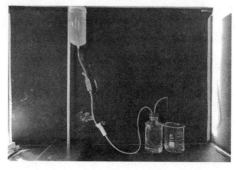

图3　气排水

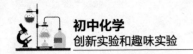

补充说明：

a. 小矿泉水瓶中装满水，向输液瓶底部入口打气，打入的空气会排出小瓶内的水，即气排水法。

b. 输液瓶可用去底的可乐瓶代替。

（7）按照上述步骤连接装置，向输液瓶中加满水，小矿泉水瓶装满空气，伸入瓶内的输液管长短左右对换。

（8）打开输液开关，输液瓶中的水即进入小水瓶，小水瓶中的空气被排出，即水排气法。

补充说明：

在输液管排气端接一个盛水的杯子，观察到管口有连续均匀的气泡冒出。

5. 改进意义

（1）实验材料易得，操作简单，现象明显。

（2）如果在小矿泉水瓶后再串联一个装满水的小矿泉水瓶，就可以用第1只瓶内排出的空气再去排第2只瓶内的水，从而能够同时演示气排水和水排气。

案例18　探究什么更适合制取二氧化碳

1. 实验目的

突破"实验室为什么不选择用大理石和稀硫酸反应制取二氧化碳"这一难点。

2. 实验器材及药品

器材：小矿泉水瓶（2个）、气球（2个）、20mL注射器（2个）。

药品：稀盐酸、稀硫酸、大理石。

3. 实验装置

图1　实验装置

4. 实验步骤

（1）选取两个小矿泉水瓶去掉瓶盖，并分别向两个瓶内加入8g大理石。

（2）在小矿泉水瓶口套上气球。

（3）取两个20mL的注射器，分别吸取10mL同浓度、同体积的稀盐酸或稀硫酸。

（4）在两个小矿泉水瓶靠近底部的位置，将注射器内的稀盐酸、稀硫酸分别注入两个瓶。

（5）观察到，注入稀盐酸的瓶口气球明显更大，表明在相同时间内，此瓶中产生的二氧化碳更多。约1min后，注入稀硫酸的瓶，反应趋于停止；而注入稀盐酸的瓶，反应剧烈进行。

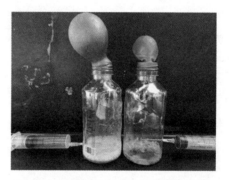

图2　注入稀盐酸（左）、稀硫酸（右）

图3　注入稀盐酸（左）、稀硫酸（右）1min后

补充说明：

注入稀盐酸（或稀硫酸）的位置选择在瓶身下部，一方面使注入的稀

酸不会因瓶内气压增大反从注入口冲出；另一方面，瓶内不断生成的二氧化碳会向上膨胀，几乎不会从下面注入口跑出。

5. 实验意义

实验室为什么要选择大理石和稀盐酸反应来制取二氧化碳气体？从学生已有的知识经验出发，借助直观、形象的实验演示，帮助学生理解，改变了传统教学中用语言"告诉"学生的方式，提高了学习效果。

从根本上解决了很多学生的难点——为什么不用大理石与稀硫酸反应制取二氧化碳气体，增强了学生学好化学的信心。

案例19 探究酸碱性对头发的 影响及洗发剂的酸碱性

1. 实验目的

（1）探究头发适合酸性还是碱性洗发剂。

（2）检验家里使用的洗发剂的酸碱性。

2. 实验器材及药品

器材：试管、滴管、试管架、烧杯、表面皿、pH试纸、标准比色卡、玻璃棒、头发。

药品：洗发剂（若干种）、水、食醋、碳酸钠溶液、氢氧化钠溶液、稀盐酸。

3. 实验装置（酸碱性对头发的影响）

图1 准备5支试管固定于试管架上

4. 实验步骤及现象

（1）准备5缕头发分别放入试管。

图2　向5支试管分别放入同样的头发

（2）向各试管中从左到右依次加入稀盐酸、食醋、水、碳酸钠溶液、10%氢氧化钠溶液。

图3　分别向各试管中加入液体

（3）5min后，观察到氢氧化钠溶液中头发开始变软。

图4　约5min后观察

（4）一夜后，观察到氢氧化钠溶液中的头发几乎被腐蚀完。

图5　一夜后观察

图6　振荡氢氧化钠溶液中的头发

5. 测定洗发剂的酸碱性的实验步骤

（1）用小烧杯分别取适量洗发剂，贴上标签。

（2）向各小烧杯中加入等量的水，用玻璃棒搅拌洗发剂，至洗发剂与水混合均匀。

（3）取和洗发剂种类相同片数的pH试纸，分别摆开在点滴板上，再分别用玻璃棒蘸取洗发剂滴在试纸上，与标准比色卡对照，记下相应的pH值。

洗发水a

洗发水b

洗发水c 洗发水d

洗发水e 洗发水f

图7 各种洗发水的酸碱性

补充说明：

实验测试结果显示，这几种洗发水都呈酸性，原因在于，以上几种洗发水都是适合中性或干性发质使用的洗发水，这样的洗发水呈酸性，对保护头发具有较好效果；如果头发易油，建议使用适合油性发质的洗发水，这样的洗发水呈碱性，具有较好的去除油污的效果，但是同时会伤害头发，因此要配合酸性护发剂使用。

6. 实验意义

（1）大部分洗发水是酸性的，也有碱性的。碱性可以打开头发的毛鳞片，如烫发的药水和染发产品都是碱性的，这样才能穿过毛鳞片改变发质，而且碱性物质清洁作用极强，使用不当会给皮肤和头发造成伤害。焗油膏、护发素和发膜等护发品以酸性为主，酸性产品可以促进头发毛鳞

片的闭合，减少外界对头发的伤害。选择怎样的洗发水，取决于自身头发的实际情况。

（2）洗发和护发是我们每个人日常生活中经常发生的事，了解头发适合酸或碱性环境，了解家用洗发剂的酸碱性，对自己和家人的护发都有帮助，有利于提高生活品质。

（3）满足了学生的好奇心和探索心理，建立了化学与生活的紧密关系，让化学贴近生活，使学生与化学建立情感。

案例20 测定生活中常见液体的酸碱性

1. 实验目的

测定生活中一些常见液体的pH值，了解它们的酸碱性。

2. 实验器材及药品

器材：pH计、烧杯。

药品：饮用水、酸奶、纯牛奶、茶水、柠檬水。

3. 实验步骤

（1）选取几种自己最想知道其酸碱性的液体。

（2）向烧杯中加入该液体，没过pH计下端，待pH计示数稳定后，读取示数并记录。

某单位饮用水　　　　　某品牌纯牛奶　　　　　自制柠檬水

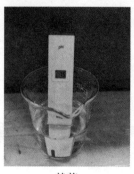 

某茶　　　　　　　　　某品牌酸牛奶

图1　实验现象

补充说明：

pH计使用前要校准pH值。

4. 实验意义

饮食的酸碱性与人体健康息息相关，健康人体的体液应维持在一定的酸碱度范围内，以下是人体各种体液正常情况下的pH值：

人体内的一些液体和排泄物的正常pH范围

血浆	7.35 ~ 7.45
唾液	6.6 ~ 7.1
胃液	0.9 ~ 1.5
乳汁	6.6 ~ 7.6
胆汁	7.1 ~ 7.3
胰液	7.5 ~ 8.0
尿液	7.5 ~ 8.0

测定人体内或排出的液体的pH，可以帮助人们了解身体的健康状况，以便及时调整饮食或就医，促进身体尽早恢复健康。比如，胃酸过多的人，不宜多吃酸性物质，尤其是早上空腹的时候，不喝酸奶，不吃酸性水果；当人体血液的pH值小于7.35时，可能身体已经处于亚健康状态，需要做出调整。

案例21　自制酸碱指示剂

1. 实验目的

寻找生活中看到的花或果实，利用它们自己动手制作一些酸碱指示剂。

2. 实验器材及药品

器材：试管、试管架、研钵（带研杵）、小烧杯、细口瓶、滴管。

药品：酒精（95%或以上）、各种花瓣或果实。

3. 实验步骤

（1）选取一两朵新鲜的花朵，摘下花瓣，放入研钵。

（2）向研钵中加入约5mL酒精。

（3）用研杵研磨花瓣，直至花瓣全部捣碎。

（4）将研钵中的液体转移至小烧杯使用（或细口瓶保存）。

（5）取3支干净的试管，分别取一定量的稀盐酸、食盐水、稀氢氧化钠溶液，放在试管架上。

稀盐酸　　　　食盐水　　稀氢氧化钠溶液

图1　在试管中加入试剂

（6）用滴管吸取花瓣汁，分别滴入3支试管，观察滴入的花瓣汁颜色。

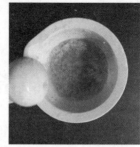

酸性　　　　　中性　　　　　碱性

图2　粉玫瑰花瓣

酸性　　　　　中性　　　　　碱性

图3　康乃馨花瓣

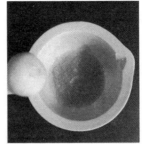

酸性　　　　　中性　　　　　碱性

图4　粉菊花瓣

酸性　　　　　中性　　　　　碱性

图5　百合花花瓣

4. 实验意义

（1）促进学生对指示剂的理解。

（2）培养学生的动手能力，发现生活中的化学。

（3）帮助学生通过简单有趣的化学小实验，体验成就感，培养学好化学的自信心。

案例22　探究厨房里的化学

1. 实验目的

寻找和发现厨房里的化学：苏打或小苏打能与食醋一起使用吗？

2. 实验器材及药品

器材：小矿泉水瓶（2个）、气球（2个）、注射器（20mL 2个）。

药品：白醋、苏打、小苏打。

3. 实验步骤

（1）选取两个相同的小矿泉水瓶，去掉瓶盖。

（2）分别向两个瓶中加入5g苏打、小苏打。

图1　分别加入小苏打（左）、苏打（右）

（3）在瓶口套上气球。

（4）用两个注射器各吸取10mL白醋，分别在瓶身靠近瓶底的位置注入两个瓶中，观察两瓶中反应的现象。

小苏打　　　　　苏打

图2　刚注入白醋时

小苏打　　　　　苏打

图3　白醋注入完后

小苏打　　苏打

图4　反应全部完成后

4. 实验意义

苏打、小苏打和食醋都是厨房常用辅料，让学生利用日常生活中常见的用品，研究它们的性质，对于学生认识初中化学中两种重要的碳酸盐——苏打（碳酸钠）和小苏打（碳酸氢钠）有着重要的意义。在盐的教学中，有学生提出问题：苏打和小苏打与盐酸反应，谁反应更快？它们与盐酸反应，谁产生的二氧化碳气体更多？让学生通过自己的实践寻找答案，比教师教更有实际意义，同时也拉近了化学与学生生活的距离。

附　录

　　海燕跟我提起的时候，我心里有点疑惑，作为有十几年化学教学经验的教师不是没有体会到实验的烦琐，但我实在想不出来怎么改，也觉得课本的实验应该就是最好的选择，听过一些零散的不系统的改实验的课，把实验改得更难。可等到海燕跟我聊起铁丝燃烧的那个装置的改进时，我改变了态度，她把取材由需要磨砂才勉强能燃烧的铁丝改成了洗碗用的钢丝球，把成功率只有四分之一的点燃铁丝的步骤改成了蘸酒精先点燃酒精随即百分之百点燃铁丝，我惊叹于这个实验能如此简单地完成，而海燕的方法轻易地完成了。我当即对她的方法表示赞同，这些不经意的小点子需要久经教学，久经实验，并且深思熟虑后才能得出。我很期待这本书的面世，我想它能简易广泛地用于实验，也能带给我们启发，颠覆我们的思潮，让更多的教师投身钻研实验。

——何洪芳（深圳市高峰学校原九年级化学备课组组长）

　　曾老师以培养学生的创新能力为基点，重视创新和改进探究性实验，在教学中进行了一些探索和改进。她因材施教，拓宽实验思路，使化学学科更具趣味性、探索性和综合性。化学实验的创新设计，可以使学生直观地形成化学概念，认识化学规律，对学生实验基本操作能力的培养起着直接的示范作用，更重要的还在于它可以培养学生形成科学的思维方法，使学生掌握科学的研究方案和创新的能力，也增强了学生对化学的好奇心和探究欲望，提升了学生的创造力。

——张美蔺（物理高级教师，原初中科学教师）

曾老师是我在化学教学上的领路人，初中化学涉及的实验较多，但按照教材的内容进行实验，通常重复率较低，现象也不够明显，而曾老师可以说是实验改进的专家，按照她的方法改进实验，不仅操作方便，而且现象十分明显，重复率也相当高！非常期待此书的出版，我相信，一定会受到相当多老师和学生的欢迎！

——魏炜纯（硕士，毕业于中山大学，新入职的化学教师）

初见曾老师，是暑假期间在学校图书馆，她伏案研读，专注的样子让人注目，蕙质出谁家？静姿若芳华。再识海燕，则成为同事，彼时书稿已成，细细读来，我惊叹于她对实验现象寻真的精神。围绕初中化学实验，在课本实验的基础上，她专注装置改进，着重精细操作，追求实验现象对理论知识的准确解读，反复实验，确定实验器材规格以及与实验药品的最佳组合。她更是精选家庭趣味案例，使实验的教育价值最大化。捧书不释卷，自有天地宽。

——孙国林（化学正高级教师，河北省特级教师）

本书的作者海燕，人如其名，如海燕一般，本真、勇敢、拼搏和革新。喜欢海燕，欣赏海燕，喜欢和欣赏她在纷杂喧嚣中静下心来，在改革中创新，在努力中前行的样子。认真读完此书，我爱不释手，同时感叹万分。根深，方能叶茂；深入，方能浅出；厚积，方能薄发……16年的教学，海燕不断自我修炼，使自己在教学中进退自如，不断拓宽课堂和课室外的教育渠道，不断修炼自己的教育教学内功。她通过对人教版课堂演示实验教学做系统的分析、认真的研究和细致的整理，将实验中的仪器和方案进行改进和创新性设计，使课堂演示实验更微型化、生活化和探究化。相信这本书一定能给化学同行更多思考、启发和借鉴，使他们将初中的化学实验课上得更有特色、更有趣、更有魅力。

——陈穗芳（化学高级教师）

人教版九年级化学探究活动与实验分布

	教材内容	探究活动	实验	分组实验
上册	第一单元 走进化学世界	观察和描述——对蜡烛及其燃烧的探究	8	
		人体吸入的空气和呼出的气体有什么不同		
	第二单元 我们周围的空气	分解过氧化氢制氧气的反应中二氧化锰的作用	5	氧气的实验室制取与性质
	第三单元 物质构成的奥秘	分子运动现象	1	
	第四单元 自然界的水	水的组成	5	
	第五单元 化学方程式	反应前后物质的质量关系	2	
	第六单元 碳和碳的氧化物	实验室里制取二氧化碳的装置	5	二氧化碳的实验室制取与性质
	第七单元 燃料及其利用	灭火的原理	4	燃烧的条件

（续表）

教材内容		探究活动	实验	分组实验
下册	第八单元　金属和金属材料	金属与盐酸、稀硫酸的反应	1	金属的物理性质和某些化学性质
		金属活动性顺序		
		铁制品锈蚀的条件		
	第九单元　溶液	溶解时的吸热或放热现象	8	一定溶质质量分数的氯化钠溶液的配置
		溶解度曲线		
	第十单元　酸和碱	自制酸碱指示剂	10	酸、碱的化学性质
		酸的化学性质		
		碱的化学性质		溶液酸碱性的检验
		洗发剂和护发剂的酸碱性		
	第十一单元　盐　化肥	某些酸、碱、盐之间是否发生反应	3	粗盐中难溶性杂质的去除
		初步区分常用氮肥、磷肥和钾肥的方法		
	第十二单元　化学与生活	认识有机化合物	1	

后　记

　　其实一开始没有想过要编写这本书，是日积月累下来后这两年才有的想法。深圳的化学分科是自2014年开始的，从那时开始我不再是一名科学老师，而是一名化学老师了，也是从那时起，我投入了化学课本里的实验探索。

　　记得有一次演示"测定空气里氧气的含量"的实验，连续上完3个班的课，我出现了较严重的胸闷、恶心、头痛等症状，凭经验我知道自己可能因吸入五氧化二磷而中毒了。自此我有了清晰的认识：化学课本里的实验设计可以有更好的方案。我开始尝试着寻找探索的方向，如能不能使有害物质不泄漏，能不能让学生在观察实验现象的时候不受教室位置的限制，能不能使抽象的理论直观化，一个实验活动能不能有多个优化的方案，能不能缩短实验时间使学生在一节课里观察到现象，能不能把化学实验变成学生跃跃欲试并且能够方便尝试的活动……

　　于是，慢慢地出现了一个喜欢收集"废品"的化学老师，去海边总要带一些贝壳回来，小朋友丢弃的玩具总要挑一些，食品包装的瓶瓶罐罐常常捡回来，喝过的矿泉水瓶是必得之物……实验室里到处是我的手工，有"铜树"、神奇瓶、"双胞胎"、"大头瓶"、连通器、自制简易导电线路、各种型号款式的注射器……

　　每次我带着这些奇异的器材进入教室，学生满怀期待和欣喜的表情给了我足够的满足感。一天，在学习"二氧化碳的性质"这一内容时，做完"二氧化碳与水的反应"这一实验，有学生问我："老师，实验（Ⅱ）（Ⅲ）（Ⅳ）是在不同的环境中进行的，您怎么能确定实验（Ⅳ）一定是二氧化碳和水反应生成了酸而使（用石蕊溶液染成紫色的干燥的）纸花变红的？我觉得还是缺乏说服力。"下课后，我反复思考这个学生的话——"不同的环境"，怎样使这三个实验环境相同？我找了一些采样小瓶，将小瓶固定在大小合适的集气瓶里，橡胶塞按照需要位置打孔，组装材料，进行尝试，从纸花的选材、纸花的款式，到浸泡纸花的石蕊溶液的浓度（如何使观察到的现象更明显），再到固定小瓶所用的胶水（干胶的时间、干胶后是否留痕而影响观察现象等），经过多次尝试，找到了比较好的方案。但是在实验计时，我发现纸花变红的时间偏长，于是继续改进，换配套的集气瓶、采样小瓶，最后才有了理想的方案。

每一次实验的创新和改进，当我们看到成功的方案时，确实感觉简单，但是这一系列简单成功的方案后面，是我每天思考这一系列实验的缺点能不能改，怎么改，选用什么材料，从哪里可以得到合适又廉价的材料，再经过一次又一次尝试，用什么药品代替，药品的用量如何，投入药品的时间……实验室是让人留恋着迷的地方，化学老师的很多想法都能在这里实现。前年教师节晚上，我正在摸索"测定空气里氧气的含量"实验的第6个方案，前面5个方案都失败了，看似完美的方案受实际实验条件的限制，最终红磷撒地、火星随之四处飘落而宣告下一个方案的思考开始。

当我将这些年摸索出来的一些比课本上更成功的实验设计分享给一些同行听时，每一位倾听者都觉得这是一件十分有价值的事情，认为成果很是值得推广，于是我就有了编写这本书的想法。

编　者

2023年2月